Dietmar Prudix

Aus der Savanne ins Büro
Wie die Evolution unseren Alltag beherrscht

FSC
www.fsc.org
MIX
Papier aus verantwortungsvollen Quellen
Paper from responsible sources
FSC® C105338

Bibliografische Information der Deutschen Nationalbibliothek: Die Deutsche Nationalbibliothek verzeichnet diese Publikation in der Deutschen Nationalbibliografie; detaillierte bibliografische Daten sind im Internet über http://dnb.dnb.de abrufbar.

Verlag: BoD · Books on Demand GmbH, Überseering 33, 22297 Hamburg, bod@bod.de

Druck: Libri Plureos GmbH, Friedensallee 273, 22763 Hamburg

ISBN: 978-3-6963-6231-7

Dietmar Prudix

Aus der Savanne ins Büro

Wie die Evolution unseren Alltag beherrscht

INHALTSVERZEICHNIS

Vorwort: Willkommen in der Savanne (auch bekannt als dein Büro)

Herzlichen Glückwunsch. Wenn Sie dieses Buch in den Händen halten, sind Sie das evolutionäre Endprodukt einer Kette von Überlebenskünstlern, die sich über Millionen von Jahren erstreckt. Ihre Vorfahren haben Eiszeiten überlebt, Säbelzahntiger in die Flucht geschlagen, Hungersnöte durchgestanden und erfolgreich Clans gegründet. Sie besitzen das hochentwickeltste biologische System dieses Planeten.

Und vermutlich sitzen Sie gerade mit genau diesem biologischen Meisterwerk auf einem ergonomischen Bürostuhl, starren gestresst auf eine Excel-Tabelle, während Ihr Smartphone vibriert, und fragen sich, warum Sie gestern Abend schon wieder die ganze Tüte Chips gegessen haben, obwohl Sie doch abnehmen wollten.

Willkommen im ganz normalen Wahnsinn des 21. Jahrhunderts.

Dieses Buch ist aus einer einfachen, aber radikalen Erkenntnis heraus entstanden: Sie sind nicht kaputt. Sie sind nicht faul. Und Sie sind auch nicht willensschwach. Sie sind biologisch einfach perfekt optimiert – allerdings für eine Welt, die es seit ein paar tausend Jahren nicht mehr gibt.

Die Tragödie der falschen Umgebung

Die Wissenschaft nennt dieses Phänomen Evolutionary Mismatch – die evolutionäre Fehlanpassung. Das Prinzip dahinter ist simpel: Die Evolution ist verdammt langsam. Es dauert zehntausende von Jahren, bis sich unser genetischer Code, unsere Hormone und unsere Gehirnstrukturen an eine neue Umwelt anpassen. Unsere Umwelt hat sich jedoch durch die Industrialisierung und die Digitalisierung in den letzten 200 Jahren rasant verändert.

Das bedeutet im Klartext: Wir jagen keine Mammuts mehr, sondern Deadlines. Wir kämpfen nicht mehr gegen rivalisierende Stämme, sondern gegen die Rechtsabteilung. Und wir suchen unsere Anerkennung nicht mehr am Lagerfeuer von dreißig Stammesmitgliedern, sondern auf dem digitalen Dorfplatz von LinkedIn und Instagram.

Unsere biologische Software läuft immer noch auf dem Stand der Steinzeit. Doch die Hardware, in der wir agieren müssen, ist das Silicon Valley. Kein Wunder, dass das System regelmäßig abstürzt.

Was Sie in diesem Buch erwartet

Dieses Buch ist keine theoretische Abhandlung über Anthropologie. Es ist eine Bedienungsanleitung für Sie selbst. Wir werden uns ansehen, warum wir im Meeting durchdreht, warum wir süße Donuts lieben, warum wir abends wegen des Blaulichts unseres Smartphones nicht schlafen können und warum wir komplexe Aufgaben am liebsten auf morgen verschieben.

Wir werden uns die biologischen Abkürzungen ansehen, die unser Gehirn nimmt – die sogenannten Biases –, und wie diese uns in einer komplexen Welt regelmäßig ein Bein stellen.

Aber wir bleiben nicht beim Problem stehen. Zu jedem Bereich finden Sie konkrete, evolutionär durchdachte Strategien und Micro-Habits, mit denen Sie Ihr Steinzeitgehirn im Alltag austricksen können, anstatt sich von ihm steuern zu lassen.

Sie werden lernen, wie Sie:

- Stress biologisch abbauen, anstatt ihn auszusitzen.
- Ernährung und Bewegung ohne permanenten Kampf gegen den inneren Schweinehund optimieren.
- Teams so führen und organisieren, wie es unserer Natur entspricht (Stichwort: echte Agilität).
- Gewohnheiten verändern, ohne das neuronale Alarmsystem Ihres Kopfes zu triggern.

Hören Sie auf, sich über Ihre vermeintlichen Schwächen zu ärgern. Fangen Sie an, Ihre Biologie zu verstehen. Wenn Sie erst einmal wissen, wie Ihre Ur-Instinkte ticken, können Sie die Software der Vergangenheit nutzen, um die Herausforderungen der Zukunft zu meistern.

Viel Spaß bei der Reise zu Ihren eigenen Wurzeln!

Pennigsehl, Juli 2026
Dietmar Prudix

Einleitung: Der Steinzeitmensch im Großstadtdschungel

- Warum wir trotz Smartphones noch wie Jäger und Sammler ticken.
- Das Konzept der „evolutionären Fehlanpassung“ (Evolutionary Mismatch).
- Ziel des Buches: Die Vergangenheit verstehen, um das Heute besser zu meistern.

1. Die Kern-Thesis

„Warum wir trotz Smartphones noch wie Jäger und Sammler ticken.“

Dieser Satz ist der emotionale Haken (der "Hook") deines Buches. Er stellt den extremen Kontrast zwischen unserer technologischen Gegenwart und unserer biologischen Vergangenheit dar. Die Kernaussage ist: Unsere Zivilisation hat sich in den letzten 10.000 Jahren (seit der Erfindung des Ackerbaus) und vor allem in den letzten 20 Jahren (Digitalisierung) rasant verändert. Unser Gehirn und unser Körper haben sich seit der Steinzeit jedoch kaum verändert. Wir steuern ein Raumschiff mit der Software eines Höhlenmenschen.

Wir wachen auf, greifen zum Smartphone, checken Social Media, bestellen Essen per Klick und arbeiten im Sitzen vor Bildschirmen. Äußerlich sind wir moderne Wesen des 21. Jahrhunderts. Doch tief in unserem Inneren, in den Schaltkreisen unseres Gehirns, läuft immer noch das Betriebssystem der Steinzeit.

Unsere Vorfahren mussten Jahrmillionen lang in einer Welt überleben, die von akutem Mangel, physischen Gefahren und kleinen sozialen Gruppen geprägt war. Genau für diese Welt ist unser Geist optimiert. Wenn du also das dringende Bedürfnis verspürst, die ganze Packung Chips aufzuessen, stundenlang durch TikTok zu scrollen oder bei Social-Media-Kritik Panik zu bekommen, dann ist das kein persönliches Versagen. Es ist deine innere Jäger-und-Sammler-Mentalität, die in einer völlig veränderten Welt einfach nur versucht, dein Überleben zu sichern.

2. Das wissenschaftliche Fundament

Das Konzept der „evolutionären Fehlanpassung“ (Evolutionary Mismatch)

Hier liefere ich die wissenschaftliche Erklärung für das oben beschriebene Phänomen. Ein "Evolutionary Mismatch" entsteht, wenn sich die Umwelt eines Lebewesens schneller verändert als seine genetische Anpassung. Merkmale, die früher einmal überlebenswichtig (vorteilhaft) waren, werden in der neuen Umgebung plötzlich nachteilig oder sogar schädlich.

Das Herzstück der Evolutionsbiologie und der Schlüssel zum Verständnis unseres modernen Verhaltens ist das Konzept der evolutionären Fehlanpassung (engl. Evolutionary Mismatch). Es besagt, dass ein biologisches Merkmal, das in der Vergangenheit einen evolutionären Vorteil bot, in einer neuen Umgebung zu Problemen führen kann.

Drei klassische Beispiele verdeutlichen dieses Prinzip:

- Die Zucker-Falle: In der Steinzeit waren kalorienreiche, süße Früchte selten und überlebenswichtig. Wer sie fand, musste so viel wie möglich essen, um Fettreserven für magere Zeiten anzulegen. Heute sind Zucker und Fett im Überfluss verfügbar. Unser evolutionärer Drang, Kalorien zu bunkern, führt nun zu Übergewicht und Zivilisationskrankheiten.
- Der Dopamin-Loop: Unser Gehirn belohnt die Suche nach neuen Informationen (früher: Wo gibt es Beute? Wo droht Gefahr?) mit dem Glückshormon Dopamin. Social-Media-Algorithmen nutzen genau diesen uralten Mechanismus aus. Sie füttern uns im Sekundentakt mit "News", was zu digitaler Sucht und Konzentrationsstörungen führt.
- Chronischer Stress: Die Stressreaktion (Kampf oder Flucht) war für kurzfristige Bedrohungen gedacht – wie die Begegnung mit einem Säbelzahntiger. Heute feuert dasselbe System bei einer ungelesenen E-Mail vom Chef oder beim Blick auf das Bankkonto. Da wir aber weder kämpfen noch weglaufen können, bleibt der Stress chronisch und macht uns krank.

3. Das übergeordnete Ziel

„Die Vergangenheit verstehen, um das Heute besser zu meistern."

Das ist das Nutzenversprechen (Value Proposition) dieses Buches an die Leser*innen. Es soll kein reines Geschichtsbuch oder ein theoretisches Biologiebuch sein. Es ist ein Ratgeber für das moderne Leben. Das Verständnis der Vergangenheit dient als Werkzeug, um im Hier und Jetzt bessere Entscheidungen zu treffen, sich selbst weniger zu verurteilen und gesündere Gewohnheiten aufzubauen.

Dieses Buch ist kein nostalgischer Blick zurück in die Steinzeit und kein Plädoyer dafür, dass früher alles besser war. Ganz im Gegenteil: Es ist ein Kompass für das Hier und Jetzt.

Erst wenn wir verstehen, warum wir in bestimmten Situationen so reagieren, wie wir es tun, erlangen wir die Kontrolle über unser Handeln zurück. Wir können die moderne Welt nicht zurückdrehen – und wir wollen es auch gar nicht. Aber wir können lernen, artgerechter zu leben. Zu wissen, woher wir kommen, nimmt uns die Schuldgefühle für unsere vermeintlichen Schwächen und gibt uns konkrete Strategien an die Hand: Wie wir digitale Balance finden, uns besser ernähren, gesündere Beziehungen führen und Stress abbauen. Dieses Buch hilft dir, die Codes deiner eigenen Biologie zu knacken, um im Dschungel der Moderne nicht nur zu überleben, sondern zu glänzen.

Teil I: Die Grundlagen

Kapitel 1: Die Grundlagen – Wer wir sind und woher wir kommen

- Die Meilensteine unserer Geschichte: Vom aufrechten Gang bis zum Riesenhirn.
- Die Mechanismen der Evolution: Mutation, Selektion und Anpassung einfach erklärt.
- Der Irrglaube vom „Überleben des Stärkeren“: Warum Kooperation unser wahres Erfolgsgeheimnis war.

Stell dir vor, du sitzt in einem modernen Großraumbüro. Um dich herum surren Klimaanlagen, Monitore leuchten, Smartphones vibrieren im Sekundentakt und im Kalender drängt der nächste virtuelle Call. Du tippst eine E-Mail, während du gleichzeitig einen Schluck aus deinem Coffee-to-go-Becher nimmst. Rein äußerlich bist du ein perfekt angepasster Mensch des 21. Jahrhunderts.
Doch unter der Oberfläche, tief in den Schaltkreisen deines Gehirns und in den Zellen deines Körpers, sieht die Sache ganz anders aus: Da sitzt ein Wesen, das biologisch noch immer darauf eingestellt ist, jeden Moment einem Säbelzahntiger zu begegnen oder den Horizont nach essbaren Beeren abzusuchen.
Um zu verstehen, warum wir im modernen Alltag so reagieren, wie wir es tun – warum wir bei Deadlines in Panik geraten, warum uns Schokolade magisch anzieht oder warum uns Konflikte im Team schlaflose Nächte bereiten –, müssen wir einen Blick auf unsere Werkseinstellungen werfen. Und die wurden nicht im Silicon Valley geschrieben, sondern in der afrikanischen Savanne.

Die Meilensteine unserer Geschichte: Vom aufrechten Gang zum Riesenhirn

Die Geschichte des Homo sapiens ist eine Geschichte der extremen Anpassung. Vor einigen Millionen Jahren veränderten sich die klimatischen Bedingungen in Afrika: Dichte Wälder wichen offenen Savannen. Unsere Vorfahren mussten den schützenden Schatten der Bäume verlassen und sich in einer weiten, gefährlichen Graslandschaft behaupten.

Zwei entscheidende Entwicklungen machten uns zu dem, was wir heute sind:

1. Der aufrechte Gang: Er half uns nicht nur, über das hohe Gras hinweg Raubtiere frühzeitig zu erkennen, sondern machte auch etwas Entscheidendes frei: unsere Hände. Frei für Werkzeuge, frei zum Tragen von Nahrung und frei für Gesten.
2. Das exponentielle Gehirnwachstum: Unser Denkorgan vergrößerte sich im Laufe der Evolution rasant. Besonders der präfrontale Kortex – der Bereich direkt hinter unserer Stirn, der für Logik, Planung und Impulskontrolle zuständig ist – explodierte förmlich.

Dieses Riesenhirn war ein evolutionärer Jackpot, hatte aber einen Haken: Es ist extrem energiehungrig. Obwohl unser Gehirn nur etwa 2 % unseres Körpergewichts ausmacht, verbraucht es im Ruhezustand rund 20 % unserer gesamten Energie. Jede Entscheidung, jedes Nachdenken kostet Kalorien. Merk dir diesen Punkt – er ist der Grund, warum wir heute so gerne prokrastinieren.

Die Mechanismen der Evolution: Wie Anpassung wirklich funktioniert

Wenn wir über Evolution sprechen, meinen wir oft, es sei ein gezielter Prozess. Doch die Evolution hat keinen Plan. Sie hat kein Ziel. Sie arbeitet im Wesentlichen mit zwei simplen Werkzeugen:

- Mutation (Zufall): Bei der Weitergabe von Genen entstehen kleine Kopierfehler. Manche davon sind völlig nutzlos, manche schädlich – und manche erweisen sich zufällig als echter Vorteil in einer bestimmten Umwelt.
- Selektion (Auslese): Wer eine Eigenschaft besitzt, die das Überleben und vor allem die Fortpflanzung in seiner aktuellen Umwelt wahrscheinlicher macht, gibt diese Gene weiter. Wer das nicht tut, fliegt aus dem Genpool.

Das Problem für uns heute: Dieser Prozess braucht Zeit. Sehr viel Zeit. Es dauert zehntausende von Jahren, bis sich ein biologischer Organismus genetisch an eine neue Umwelt anpasst. Unsere Umwelt hat sich durch die Industrialisierung und Digitalisierung in den letzten 200 Jahren jedoch radikal verändert. Biologisch gesehen leben wir in einer Welt, für die wir gar nicht gebaut wurden. Die Wissenschaft nennt das Evolutionary Mismatch – eine evolutionäre Fehlanpassung.

Der Irrglaube vom „Überleben des Stärkeren"

Ein Satz hat das Verständnis der Evolution massiv geprägt und leider auch zu vielen Ellenbogen-Mentalitäten in modernen Unternehmen geführt: „Survival of the fittest". Oft fälschlicherweise übersetzt als „Das Überleben des Stärkeren".

Doch Charles Darwin meinte damit nicht den Muskelbepacktesten oder den Aggressivsten. „To fit" bedeutet „hineinpassen" oder „sich anpassen". Frei übersetzt bedeutet es also: Das Überleben desjenigen, der sich seiner Umwelt am besten anpasst.

Und wie hat der Homo sapiens das geschafft? Sicher nicht, weil er die schärfsten Krallen, die schnellsten Beine oder die dickste Haut hatte. Verglichen mit einer Löwin oder einem Mammut waren wir nackt, schwach und langsam. Unser wahres Erfolgsgeheimnis, unsere biologische Superkraft, war von Anfang an etwas anderes: Kooperation.

Ein einzelner Steinzeitmensch war ein leichter Snack für ein Raubtier. Ein perfekt koordinierter Stamm von dreißig Menschen dagegen konnte Mammuts jagen, Territorien verteidigen und Wissen über Generationen hinweg weitergeben. Wir sind keine geborenen Einzelkämpfer; wir sind geborene Teamplayer. Unser Gehirn belohnt soziale Verbundenheit mit einer Ausschüttung von Glückshormonen wie Oxytocin und bestraft Ausgrenzung mit echtem, physisch spürbarem Schmerz.

Praxis-Bezug: Dein innerer Steinzeitmensch im Alltag

Was bedeutet das nun konkret für deinen heutigen Tag? Wann immer du dich dabei ertappst, dass du irrational handelst, frage dich: Welchen Überlebensvorteil hatte dieses Verhalten früher?

- Der Drang zum Donut: Wenn du den süßen Snack nicht stehen lassen kannst, schimpfe nicht über deine mangelnde Disziplin. In der Savanne bedeutete „süß“ = „ungiftig und extrem kalorienreich“. Wer damals so viel Zucker wie möglich in sich hineinstopfte, sicherte sich das Überleben für die nächste Dürreperiode. Dein Gehirn gratuliert dir heute noch zu jedem Donut mit einem Dopamin-Feuerwerk, weil es nicht weiß, dass der nächste Supermarkt nur zwei Minuten entfernt ist.

- Die Panik vor Kritik: Wenn dein Chef dich kritisiert und du sofort Herzrasen bekommst, liegt das an deiner Urzeit-Angst, aus dem Stamm verstoßen zu werden. In der Steinzeit bedeutete soziale Isolation den sicheren Tod. Dein Körper reagiert auf Kritik im Büro deshalb oft so, als stünde deine Existenz auf dem Spiel.

Fazit: Wir können unsere genetische Software nicht einfach per Update überschreiben. Aber wir können lernen, sie zu verstehen. Wer weiß, wie die eigenen Ur-Instinkte ticken, kann sie im Alltag bewusst austricksen, anstatt von ihnen gesteuert zu werden.

- Ein Gehirn für Knappheit in einer Welt des Überflusses
- Ein Körper für Bewegung in einer Welt des Sitzens
- Ein Sozialwesen in einer Welt der Vereinzelung
- Warum moderne Bequemlichkeit oft gegen uns arbeitet
- Praxis-Bezug: Wo dein Alltag gegen deine Biologie läuft

Der moderne Mensch lebt in einer Welt, die er selbst erschaffen hat. Er wohnt in Häusern, fährt Auto, arbeitet am Bildschirm, bestellt Essen per App, kommuniziert über Messenger und sitzt in Meetings, in denen keine körperliche Gefahr droht. Auf den ersten Blick wirkt das wie ein großer Fortschritt. Und das ist es auch.

Aber unser Körper und unser Gehirn haben sich nicht in dieser Welt entwickelt.

Sie stammen aus einer viel älteren Umgebung. Einer Umgebung, in der Nahrung nicht jederzeit verfügbar war. Einer Umgebung, in der Bewegung kein Freizeitprogramm war, sondern Überlebensbedingung. Einer Umgebung, in der Menschen in kleinen Gruppen lebten, sich kannten, gemeinsam jagten, sammelten, sich schützten und Konflikte unmittelbar austrugen.

Heute leben wir zwar modern, aber wir reagieren oft noch uralt.

Genau hier beginnt der große Mismatch.

Mismatch bedeutet: Etwas passt nicht zusammen. In diesem Fall passt unsere biologische Ausstattung nicht immer zu unserer heutigen Lebensumgebung. Das heißt nicht, dass mit uns etwas falsch ist. Es heißt, dass viele unserer inneren Programme für eine andere Welt gebaut wurden.

Unser Gehirn ist ein Energiesparorgan. Es liebt Bequemlichkeit, weil Energie früher kostbar war. Wer unnötig Energie verschwendete, hatte schlechtere Überlebenschancen. Heute wird aus diesem sinnvollen alten Programm schnell ein Problem. Wir sitzen zu viel, bewegen uns zu wenig und wundern uns, warum der Körper irgendwann protestiert.

Unser Gehirn liebt Zucker, Fett und Salz. Nicht, weil es „schwach" ist, sondern weil diese Stoffe früher selten und wertvoll waren. Wer energiereiche Nahrung fand, durfte zugreifen. Heute steht diese Nahrung an jeder Ecke bereit. Aus einem Überlebensvorteil wird ein Gesundheitsrisiko.

Unser Gehirn achtet stark auf Ablehnung, Kritik und Gruppenzugehörigkeit. Früher konnte Ausstoß aus der Gruppe lebensgefährlich sein. Heute reicht manchmal eine knappe E-Mail, ein seltsamer Blick im Meeting oder eine unbeantwortete Nachricht, und unser Nervensystem reagiert, als sei unser Platz im Stamm bedroht.

Das Problem ist also nicht nur der Mensch. Das Problem ist die Umgebung.

Ein Gehirn für Knappheit in einer Welt des Überflusses

Über sehr lange Zeit war Nahrung unsicher. Es gab keine Supermärkte, keine Kühlschränke, keine Lieferdienste und keine gefüllten Vorratsschränke. Der Mensch musste Nahrung suchen, finden, sammeln, jagen, teilen und manchmal auch entbehren.

In dieser Welt war es sinnvoll, energiereiche Nahrung besonders attraktiv zu finden. Süßes bedeutete schnelle Energie. Fett bedeutete dichte Energie. Salz war wichtig für den Körper. Das Gehirn entwickelte also starke Belohnungsreaktionen auf genau diese Dinge.

Heute leben viele Menschen in einer Umgebung, in der diese Reize ständig verfügbar sind. Schokolade liegt an der Kasse. Fast Food riecht schon von weitem. Snacks sind in Reichweite. Werbung zeigt Essen nicht als Versorgung, sondern als Trost, Belohnung und Lebensgefühl.

Das alte Gehirn sagt: „Nimm es. Wer weiß, wann es wieder etwas gibt."

Der moderne Verstand sagt: „Ich wollte doch eigentlich gesünder essen."

So entsteht ein innerer Konflikt. Nicht weil der Mensch charakterlos ist, sondern weil zwei Systeme gegeneinander arbeiten: das alte Überlebenssystem und das moderne Vernunftsystem.

Ein Körper für Bewegung in einer Welt des Sitzens

Der menschliche Körper ist nicht für Dauersitzen gebaut. Er ist gemacht für Wechsel. Für Gehen, Tragen, Bücken, Hocken, Ziehen, Drücken, Balancieren, Klettern, Laufen und Ruhen.

Früher war Bewegung in den Alltag eingebaut. Man musste nicht „Sport machen". Man bewegte sich, weil Leben Bewegung bedeutete. Heute ist Bewegung oft ausgelagert. Wir sitzen bei der Arbeit, sitzen im Auto, sitzen beim Essen, sitzen abends auf dem Sofa und versuchen dann, mit zwei Sporteinheiten pro Woche auszugleichen, was der Alltag nicht mehr hergibt.

Das ist nicht unmöglich, aber es ist biologisch unnatürlich.

Der Körper erwartet keine heroischen Trainingsprogramme. Er erwartet regelmäßige Aktivierung. Viele kleine Bewegungen. Belastung und Entlastung. Licht, Luft, wechselnde Reize und körperliche Nutzung.

Wenn das fehlt, entstehen Probleme oft langsam. Der Rücken wird steif. Die Muskeln bauen ab. Der Stoffwechsel wird träger. Der Schlaf wird schlechter. Die Stimmung sinkt. Der Körper sendet Signale, die wir oft erst ernst nehmen, wenn sie laut werden.

Ein Sozialwesen in einer Welt der Vereinzelung

Der Mensch ist kein Einzelgänger. Er ist ein Gruppenwesen.

In kleinen Gruppen war soziale Zugehörigkeit überlebenswichtig. Wer allein war, war gefährdet. Die Gruppe bot Schutz, Nahrung, Wissen, Hilfe bei Krankheit, Unterstützung bei Kindern und Sicherheit in Krisen.

Deshalb reagiert unser Gehirn so empfindlich auf soziale Signale.

Ein Stirnrunzeln kann uns beschäftigen. Eine ausbleibende Antwort kann Unsicherheit auslösen. Kritik kann sich anfühlen wie ein Angriff. Ignoriert zu werden kann schlimmer wirken als offener Widerspruch.

In der modernen Welt begegnen wir sehr vielen Menschen, aber oft nur oberflächlich. Wir haben Kontakte, aber nicht immer echte Verbindung. Wir sind digital erreichbar, aber nicht immer emotional eingebunden. Wir können mit hunderten Menschen vernetzt sein und uns trotzdem einsam fühlen.

Auch das ist Mismatch.

Unser Stammesgehirn sucht verlässliche Zugehörigkeit. Die moderne Welt bietet häufig Sichtbarkeit statt echter Nähe.

Abstrakte Gefahren statt sichtbarer Feinde

Früher waren viele Gefahren konkret. Ein Raubtier. Ein verletztes Bein. Ein feindlicher Mensch. Ein Sturm. Hunger. Kälte. Dunkelheit.

Heute sind viele Gefahren abstrakt. Rechnungen, Rentenlücken, Versicherungen, Krankheit, Arbeitsplatzunsicherheit, Nachrichten, Weltkrisen, gesellschaftliche Veränderungen, Klimathemen, politische Spannungen.

Das Schwierige daran: Abstrakte Gefahren lassen sich oft nicht sofort lösen. Man kann nicht weglaufen, nicht kämpfen, nicht den Speer nehmen und das Problem erledigen.

Das Gehirn bleibt also in Alarmbereitschaft. Es spürt Gefahr, findet aber keinen Abschluss. Genau daraus entsteht chronischer Stress.

Der Körper ist für akute Aktivierung gemacht: Gefahr erkennen, reagieren, erholen.

Er ist nicht dafür gemacht, monatelang innerlich angespannt zu bleiben, weil irgendwo im Hintergrund immer ein mögliches Problem lauert.

Praxisbezug: Den eigenen Mismatch erkennen

Der erste Schritt ist nicht Selbstkritik. Der erste Schritt ist Beobachtung.

Hilfreiche Fragen sind:

- Wo verlangt mein Alltag zu viel Sitzen?
- Wo bekomme ich zu viele Reize?
- Wo esse ich nicht aus Hunger, sondern aus Stress, Langeweile oder Belohnungssuche?
- Wo fehlt mir echte soziale Verbindung?
- Wo fühlt sich mein Gehirn bedroht, obwohl objektiv keine akute Gefahr besteht?
- Wo brauche ich weniger Willenskraft und mehr bessere Umgebung?

Viele Menschen versuchen, moderne Probleme mit mehr Disziplin zu lösen. Das funktioniert manchmal kurzfristig. Langfristig ist es oft klüger, die Umgebung zu verändern.

Nicht: „Ich darf nie wieder Süßigkeiten essen."
Sondern: „Ich lagere sie nicht sichtbar neben meinem Arbeitsplatz."

Nicht: „Ich muss ab morgen täglich Sport machen."
Sondern: „Ich baue drei kurze Spaziergänge in meinen Tag ein."

Nicht: „Ich darf mich von E-Mails nicht stressen lassen."
Sondern: „Ich lese E-Mails zu festen Zeiten und nicht jede Nachricht sofort."

Der Mensch verändert sich leichter, wenn die Umgebung ihm hilft.

Merksatz

Du bist nicht falsch. Deine Umgebung ist oft nur nicht menschengerecht gebaut.

- Warum „evolutionär erklärbar“ nicht „gut“ oder „richtig“ bedeutet
- Der Unterschied zwischen Erklärung und Entschuldigung
- Vorsicht vor Steinzeit-Romantik
- Warum Kultur, Erziehung und persönliche Erfahrung genauso wichtig sind
- Warum einfache Männer-Frauen-Erklärungen oft zu kurz greifen
- Praxis-Bezug: Evolutionäre Muster erkennen, ohne Menschen in Schubladen zu stecken

Warum Erklärung nicht Entschuldigung bedeutet

Evolutionspsychologie kann helfen, menschliches Verhalten besser zu verstehen. Sie fragt: Welche alten Programme wirken heute noch in uns? Welche Verhaltensweisen könnten einmal nützlich gewesen sein? Warum reagieren Menschen in bestimmten Situationen so stark, obwohl es objektiv übertrieben erscheint?

Diese Fragen sind wertvoll. Sie können entlasten. Sie können erklären, warum wir nicht immer so vernünftig handeln, wie wir es gern würden. Sie können zeigen, dass viele Reaktionen nicht aus Bosheit, Dummheit oder Schwäche entstehen, sondern aus alten Schutzmechanismen.

Aber Evolutionspsychologie hat Grenzen.

Sie darf nicht als Ausrede benutzt werden. Sie darf Menschen nicht auf Instinkte reduzieren. Sie darf nicht behaupten, alles sei biologisch festgelegt. Und sie darf nicht dazu führen, dass problematisches Verhalten als „natürlich“ entschuldigt wird.

Denn natürlich bedeutet nicht automatisch gut.

Aggression kann natürliche Wurzeln haben. Eifersucht auch. Dominanzverhalten auch. Gruppendenken auch. Aber daraus folgt nicht, dass wir diese Dinge unkritisch akzeptieren müssen.

Die Evolutionspsychologie liefert keine Rechtfertigung. Sie liefert eine Landkarte.

Eine Landkarte zeigt, wo Wege, Abhänge und Hindernisse liegen. Aber sie entscheidet nicht, welchen Weg wir gehen.

Erklärung ist keine Entschuldigung

Wenn jemand im Meeting aggressiv reagiert, kann man evolutionär fragen: Fühlt diese Person sich im Status bedroht? Hat Kritik ihr Alarmsystem aktiviert? Geht es gar nicht nur um den Inhalt, sondern um Rang, Anerkennung oder Gesichtsverlust?

Diese Fragen können helfen, die Situation besser zu verstehen. Aber sie entschuldigen das Verhalten nicht.

Ein Mensch bleibt verantwortlich für das, was er sagt und tut. Biologie erklärt Impulse. Sie hebt Verantwortung nicht auf.

Das ist ein wichtiger Unterschied.

Wer versteht, dass sein Gehirn auf Kritik wie auf Gefahr reagieren kann, hat nicht das Recht, andere anzubrüllen. Aber er hat eine bessere Chance, sich selbst zu regulieren.

Er kann lernen, kurz zu pausieren. Er kann merken: „Mein Körper schlägt Alarm, aber ich bin nicht wirklich in Gefahr." Er kann anders antworten, statt automatisch zu reagieren. Genau darin liegt der Nutzen.

Vorsicht vor Steinzeit-Romantik

Ein häufiger Fehler besteht darin, die Vergangenheit zu verklären. Dann klingt es so, als sei früher alles natürlicher, gesünder und besser gewesen.

Das stimmt so nicht.

Früher bedeutete Leben auch Hunger, Krankheit, Verletzung, Kälte, Gewalt, hohe Kindersterblichkeit und geringe medizinische Versorgung. Es gab keine Antibiotika, keine moderne Chirurgie, keine sichere Geburtshilfe, keine Zahnmedizin, keine Brillen, keine Rettungsdienste, keine Hygiene im heutigen Sinn.

Die Steinzeit war keine Wellnesslandschaft.

Das Ziel kann also nicht sein, die Vergangenheit zurückzuholen. Das Ziel ist, aus der Vergangenheit zu verstehen, was unser Körper und unser Gehirn heute noch brauchen.

Wir müssen nicht in Höhlen wohnen, um gesünder zu leben. Aber wir können erkennen, dass Tageslicht, Bewegung, soziale Nähe, Schlafrhythmus und echte Nahrung biologische Grundbedürfnisse sind.

Der Mensch ist Biologie und Kultur

Der Mensch ist nicht nur ein Tier mit Instinkten. Er ist auch ein Kulturwesen.

Wir lernen Sprache. Wir übernehmen Regeln. Wir entwickeln Moral. Wir erzählen Geschichten. Wir bauen Institutionen. Wir verändern unsere Umwelt. Wir schaffen Medizin, Kunst, Technik, Bildung und Rechtssysteme.

Darum wäre es falsch, alles nur biologisch zu erklären.

Unser Verhalten entsteht aus vielen Einflüssen:

- Gene
- Körper
- Hormone
- Nervensystem
- Familie
- Erziehung
- Kultur
- Religion
- Bildung
- persönliche Erfahrungen
- wirtschaftliche Lage
- gesellschaftliche Regeln
- aktuelle Lebenssituation

Evolution bildet den alten Rahmen. Aber sie schreibt nicht jedes Detail unseres Lebens vor.

Ein Mensch kann aus schwierigen Mustern aussteigen. Er kann lernen, reflektieren, üben und sich verändern. Genau das macht den Menschen besonders.

Vorsicht vor einfachen Männer-Frauen-Erklärungen

Evolutionspsychologie wird häufig benutzt, um grobe Aussagen über Männer und Frauen zu machen. Solche Aussagen sind oft populär, aber sie greifen schnell zu kurz.

Natürlich gibt es biologische Unterschiede. Natürlich gibt es Fortpflanzungsstrategien, hormonelle Einflüsse und körperliche Unterschiede. Aber daraus einfache Alltagsgesetze abzuleiten, ist gefährlich.

Menschen sind individuell verschieden. Innerhalb einer Gruppe können die Unterschiede größer sein als zwischen Gruppen. Außerdem wirken Kultur, Erziehung, Bildung, persönliche Erfahrung und soziale Erwartungen stark mit.

Wenn man sagt: „Männer sind eben so" oder „Frauen sind eben so", nimmt man Menschen ihre Individualität.

Besser ist eine vorsichtigere Sprache:

- Es kann Tendenzen geben.
- Es gibt aber große individuelle Unterschiede.
- Verhalten ist nicht nur biologisch.
- Kein Mensch ist auf seine Rolle festgelegt.
- Erklärung darf nicht zur Schublade werden.

Gerade ein leicht lesbares Fachbuch sollte hier klar und fair bleiben.

Warum diese Grenzen das Buch stärker machen

Manche Autoren vermeiden Grenzen, weil sie befürchten, dass ihr Thema dadurch schwächer wirkt. Das Gegenteil ist der Fall.

Ein Buch wirkt glaubwürdiger, wenn es nicht alles erklären will. Leser merken, ob ein Autor differenziert denkt oder ob er nur eine große Erklärung für alles anbietet.

Evolutionspsychologie ist stark, wenn sie klug eingesetzt wird. Sie hilft besonders dort, wo moderne Probleme alte Reaktionen auslösen: Stress, Ernährung, Status, Zugehörigkeit, Angst, Schlaf, Konflikte, Bindung, Gewohnheiten.

Sie wird schwach, wenn sie zu einfache Antworten gibt.

Praxisbezug: Evolutionäre Muster erkennen, ohne Menschen zu verkleinern

Eine gute Leitfrage lautet nicht: „Ist das halt Steinzeit?"

Besser sind diese Fragen:

- Welcher alte Mechanismus könnte hier aktiv sein?
- Welche moderne Situation löst ihn aus?
- War diese Reaktion früher einmal sinnvoll?
- Ist sie heute noch hilfreich?
- Welche Verantwortung habe ich trotzdem?
- Welche neue Reaktion wäre angemessener?

So wird Evolutionspsychologie praktisch. Sie hilft nicht beim Entschuldigen, sondern beim Verstehen und Verändern.

Merksatz

Evolution erklärt, warum etwas in uns anspringt. Sie entscheidet nicht, was wir daraus machen.

Teil II: Körper, Energie und Gesundheit

Kapitel 4: Ernährung und Fitness – Warum uns die Couch so magisch anzieht

- Die Jagd nach den Kalorien: Warum Zucker, Fett und Salz unser Gehirn glücklich machen.
- Vom Marathonläufer zum Schreibtischtäter: Unser Körper ist für Bewegung gebaut, unser Gehirn aber fürs Energiesparen.
- Praxis-Bezug: Wie wir den inneren Schweinehund (unseren inneren Steinzeitmenschen) durch evolutionäre Tricks überlisten.

Es ist Sonntagabend. Du hast dir fest vorgenommen, die Laufschuhe zu schnüren und danach einen knackigen Salat zu essen. Doch als der Moment gekommen ist, passiert etwas Seltsames: Die Couch entwickelt eine beinahe gravitative Anziehungskraft. Ehe du dich versiehst, sitzt du mit einer Tüte Chips vor dem Fernseher. Ein schlechtes Gewissen macht sich breit. Warum bist du nur so willensschwach?

Die tröstliche Antwort lautet: Du bist nicht willensschwach. Du bist biologisch einfach perfekt optimiert – allerdings für das Jahr 10.000 vor Christus. Wenn es um Essen und Bewegung geht, leben wir im extremsten Evolutionary Mismatch überhaupt. Unsere moderne Umwelt bietet uns unbegrenzten Überfluss bei minimalem körperlichem Aufwand. Unser Körper läuft aber immer noch auf dem Betriebssystem eines Jägers und Sammlers, für den Nahrung extrem rar und körperliche Anstrengung überlebensnotwendig war.

Die Jagd nach den Kalorien: Das Trio des Glücks (Zucker, Fett und Salz)

In der Natur kommen hochkalorische Lebensmittel extrem selten vor. Eine reife, süße Frucht oder das fettreiche Mark eines Knochens waren in der Savanne absolute Hauptgewinne. Wer vor 50.000 Jahren eine Beerenhecke fand, tat evolutionär gesehen gut daran, so viele Beeren wie möglich auf einmal zu essen, bevor die Paviane oder ein konkurrierender Stamm sie entdeckten.

Um dieses Überlebensverhalten abzusichern, hat die Evolution unser Gehirn mit einem eingebauten Belohnungssystem ausgestattet. Sobald wir drei Dinge schmecken, schüttet unser Gehirn eine kaskadenartige Menge an Dopamin aus:

- Zucker: Schnelle, sofort verfügbare Energie für unser hungriges Gehirn.
- Fett: Der ultimative, dichte Energiespeicher für magere Zeiten.
- Salz: Ein lebenswichtiger Mineralstoff, der in der freien Natur nur schwer zu finden war.

Wenn du heute eine Pizza oder ein Stück Schokolade isst, kombiniert die Lebensmittelindustrie genau diese drei evolutionären Trigger. Dein Gehirn unterscheidet nicht zwischen dem Supermarktregal und einem glücklichen Fund in der Wildnis. Es schreit innerlich: „Greif zu, wer weiß, wann es wieder etwas gibt!“ Das Problem ist nur: Die nächste „Dürreperiode“ kommt in unserer modernen Welt nie.

Vom Marathonläufer zum Schreibtischtäter: Die Tragödie der Inaktivität

Der menschliche Körper ist ein biologisches Meisterwerk der Ausdauer. Unsere Vorfahren waren keine Sprinter wie die Geparden, sondern Ausdauerjäger (Persistenzjäger). Wir konnten Beutetiere sprichwörtlich so lange vor uns hertreiben, bis diese vor Erschöpfung oder Überhitzung kollabierten. Unser aufrechter Gang, unsere elastischen Sehnen und vor allem unsere Fähigkeit zu schwitzen (während andere Säugetiere hecheln müssen) machten uns zu Marathonläufern der Urzeit.

Ein durchschnittlicher Jäger und Sammler legte pro Tag schätzungsweise zwischen 15 und 20 Kilometer zurück. Und heute? Der moderne Büromensch kommt im Schnitt oft auf kaum mehr als 1.500 bis 3.000 Schritte am Tag – die meiste Zeit verbringen wir im Sitzen.

Hier kommt das Paradoxon: Warum fällt uns Sport dann oft so schwer, wenn wir doch dafür gebaut sind?

Weil Bewegung in der Steinzeit immer einen Preis hatte: wertvolle Kalorien. Wer sich ohne Grund bewegte – wer also in der Savanne einfach so aus Spaß joggte –, verschwendete Energie, die beim nächsten Engpass das Leben kosten konnte. Unser Gehirn hat daher eine strikte Energiespar-Software vorinstalliert: Bewege dich nur, wenn es unbedingt notwendig ist (für Nahrung, Flucht oder Fortpflanzung). Die Couch-Potato in dir ist also eigentlich ein evolutionäres Genie, das versucht, dein Überleben durch maximales Energiesparen zu sichern.

Praxis-Bezug: Wie du deinen inneren Steinzeitmenschen überlistest

Da wir unsere Gene nicht ändern können, müssen wir das Spielfeld ändern. Wenn du gesund leben willst, darfst du dich nicht auf reine „Willenskraft" verlassen – denn die verliert auf Dauer gegen 200.000 Jahre Evolutionsbiologie. Du musst dein Gehirn austricksen.

Die „Sichtbarkeits-Falle" abbauen: In der Savanne galt: Was man sieht, wird gegessen. Wenn die Chips offen auf dem Wohnzimmertisch stehen, signalisiert dein Gehirn permanenten Alarm, bis sie weg sind. Die Lösung: Mach Nahrung „rar". Kaufe Süßigkeiten nicht auf Vorrat und verstecke sie in den obersten, schwer erreichbaren Schränken. Aus den Augen, aus dem evolutionären Sinn.

Künstliche Notwendigkeiten für Bewegung schaffen: Da dein Gehirn Bewegung ohne Zweck hasst, gib ihr einen Zweck. Geh nicht „einfach so" spazieren, sondern verknüpfe es mit einer Jagd (z. B. den Einkauf zu Fuß erledigen) oder einem sozialen Event (Spaziergang mit Freunden oder ein „Walking Meeting" mit Kollegen).

Das Belohnungssystem umprogrammieren: Dein Gehirn liebt schnelle Erfolge (Quick Wins). Wenn du mit dem Sport anfängst, setz dir winzige, sofort erreichbare Ziele (z. B. „Heute ziehe ich nur die Sportschuhe an und gehe für 5 Minuten vor die Tür"). Sobald du das geschafft hast, schüttet das Gehirn Dopamin aus – und der Widerstand für das nächste Mal schrumpft.

Fazit: Wenn wir verstehen, dass unser Körper auf Bewegung programmiert ist, unser Gehirn aber auf Faulheit, können wir aufhören, uns selbst zu verurteilen. Dieses Verständnis ist auch der Schlüssel für das nächste große Thema: Denn nicht nur bei der Nahrung, sondern auch bei unseren Gefühlen wie Stress und Angst laufen wir noch mit der Software der Urzeit herum.

KAPITEL 5: SCHLAF UND BIORHYTHMUS – DAS LICHT DER EVOLUTION

- Das Erbe des Feuers
- Wie künstliches Licht unsere innere Uhr manipuliert
- Lerchen und Eulen: Warum verschiedene Chronotypen sinnvoll waren
- Schlaf als Reparaturprogramm des Gehirns
- Warum Schlafmangel Hunger, Stress und Stimmung beeinflusst
- Praxis-Bezug: Besser schlafen in einer neonbeleuchteten Welt

Du liegst im Bett, starrst an die Decke und der Wecker zeigt 2:00 Uhr nachts. Morgen steht ein wichtiges Projekt an, aber dein Gehirn läuft auf Hochtouren. Verzweifelt greifst du zum Smartphone, um die Zeit zu checken – und machst die Sache damit nur noch schlimmer.

Schlafstörungen und permanente Müdigkeit gehören zu den am weitesten verbreiteten Leiden unserer modernen Leistungsgesellschaft. Der Grund dafür ist denkbar simpel: Die Erfindung der Glühbirne und der Einzug von Bildschirmen haben ein fein austariertes, Jahrmillionen altes biologisches Uhrwerk komplett aus dem Takt gebracht.

Jedes Lebewesen auf der Erde besitzt eine innere Uhr, den sogenannten zirkadianen Rhythmus. Gesteuert wird dieser Takt von einem winzigen Areal im Gehirn, das direkt mit unseren Augen verbunden ist. Für unsere Vorfahren war der Taktgeber unbarmherzig und klar: Die Sonne.

Wenn es dunkel wurde, gab es in der Savanne nicht mehr viel zu tun. Das Gehirn registrierte das schwindende Tageslicht und begann mit der Produktion von Melatonin, dem körpereigenen Schlafhormon. Einzige Ausnahme: Das Lagerfeuer. Das rötliche, flackernde Licht des Feuers signalisierte Gemütlichkeit, soziale Nähe und Schutz vor Raubtieren – es störte die Melatoninproduktion kaum.

Heute schalten wir abends die Deckenbeleuchtung an, sitzen vor dem Fernseher oder starren auf das Smartphone. Das Problem: Diese modernen Lichtquellen enthalten extrem viel Blaulicht. Für dein Steinzeitgehirn gibt es in der Natur nur eine einzige Quelle für intensives Blaulicht: die pralle Mittagssonne. Wenn du also um 23:00 Uhr im Bett liegst und auf dein Display schaust, signalisiert das deinen Zellen: „Es ist High Noon! Bloß nicht schlafen!“ Die Melatoninproduktion wird drastisch unterdrückt, und der erholsame Schlaf rückt in weite Ferne.

Lerchen und Eulen: Warum Vielfalt den Stamm schützte

Vielleicht kennst du das: Während manche Menschen morgens um 6:00 Uhr voller Energie aus dem Bett springen (die „Lerchen"), laufen andere erst abends zur Höchstform auf und kommen morgens kaum hoch (die „Eulen"). In der modernen Arbeitswelt werden Spätaufsteher oft fälschlicherweise als „faul" abgestempelt. Die Evolutionsbiologie zeigt jedoch, dass diese Unterschiede überlebenswichtig waren.

In einer steinzeitlichen Gruppe war es extrem gefährlich, wenn alle Stammesmitglieder zur exakt selben Zeit schliefen. Ein schlafender Stamm war eine leichte Beute für Raubtiere oder feindliche Clans.

Durch die genetische Aufteilung in verschiedene Chronotypen wurde das Risiko minimiert: Wenn die „Lerchen" früh am Abend müde wurden, waren die „Eulen" noch hellwach und hielten die erste Nachtwache. Wenn die „Eulen" mitten in der Nacht tief schliefen, wachten die „Lerchen" bereits vor Sonnenaufgang auf. Dank dieser evolutionären Arbeitsteilung war der Stamm fast rund um die Uhr geschützt. Die heutige Erwartung, dass jeder Mensch zwischen 8:00 und 17:00 Uhr die gleiche geistige Höchstleistung erbringen muss, ignoriert diese biologische Realität komplett.

Praxis-Bezug: Der perfekte „Steinzeit-Schlaf" in einer neonbeleuchteten Welt

Wir können das Rad der Zeit nicht zurückdrehen, aber wir können unsere Schlafumgebung so gestalten, dass sie den Bedürfnissen unseres Urzeitkörpers gerecht wird.

Die „Lagerfeuer-Simulation" am Abend: Nutze ab zwei Stunden vor dem Schlafen gehen vorwiegend indirektes, warmes, rötliches Licht. Aktiviere auf allen Smartphones und Laptops den Nachtmodus (Blaulichtfilter). Das signalisiert dem Gehirn sanft, dass der Tag zu Ende geht.

Die Jagd nach dem Morgenlicht: Um abends gut schlafen zu können, musst du morgens deiner inneren Uhr signalisieren, dass der Tag begonnen hat. Geh nach dem Aufstehen für mindestens 10 bis 15 Minuten nach draußen (auch bei bewölktem Himmel). Das natürliche Tageslicht stoppt die Rest-Melatonin-Produktion sofort und stellt die biologische Uhr präzise ein.

Akzeptiere deinen Chronotypen: Wenn du eine Eule bist, versuche nicht krampfhaft, dich in ein Lerchen-Korsett zu pressen, sofern dein Job es zulässt. Nutze Gleitzeitmodelle, um deine produktivsten Stunden am späten Nachmittag oder Abend für komplexe Aufgaben zu nutzen, anstatt dich morgens mit Kaffee künstlich hochzupeitschen.

Fazit für das nächste Kapitel: Wenn wir ausgeschlafen und biologisch im Einklang mit uns selbst sind, haben wir die nötigen Ressourcen für die Königsdisziplin des menschlichen Zusammenlebens: Die Zusammenarbeit in Gruppen. Nachdem wir nun unseren Körper und unsere Instinkte verstanden haben, werfen wir im nächsten Kapitel einen Blick darauf, wie der Stamm im modernen Büro funktioniert.

KAPITEL 6: DER STEINZEITKÖRPER IN DER HIGH-TECH-MEDIZIN

- Warum unser Körper für Mangel, Bewegung und Naturreize gebaut wurde
- Zivilisationskrankheiten als Mismatch-Problem
- Prävention: Warum sie biologisch schwerer ist als Reparatur
- Schmerz, Entzündung und Warnsignale
- Natürlich leben heißt nicht: moderne Medizin ablehnen
- Praxis-Bezug: Was wir aus beiden Welten sinnvoll kombinieren können

Warum moderne Medizin wichtig ist – aber unser Alltag trotzdem zählt

Der menschliche Körper ist ein Wunderwerk der Anpassung. Er kann Wunden schließen, Knochen reparieren, Krankheitserreger bekämpfen, Energie speichern, Hungerphasen überstehen und sich an wechselnde Belastungen anpassen.

Aber dieser Körper ist nicht für jeden modernen Lebensstil gemacht.

Er ist nicht dafür optimiert, den ganzen Tag zu sitzen, nachts künstlichem Licht ausgesetzt zu sein, dauerhaft Stresshormone auszuschütten, hochverarbeitete Nahrung zu essen und soziale Verbindung durch Bildschirmkontakte zu ersetzen.

Viele moderne Beschwerden entstehen nicht plötzlich. Sie entstehen langsam. Über Jahre. Durch Wiederholung.

Zu wenig Bewegung. Zu viel Energie. Zu wenig Schlaf. Zu viel Stress. Zu wenig Tageslicht. Zu viele Reize. Zu wenig echte Erholung.

Die moderne Medizin kann viel. Sie kann diagnostizieren, operieren, ersetzen, regulieren, lindern und retten. Das ist ein großer Fortschritt.

Aber sie kann den Alltag nicht vollständig ausgleichen.

Ein Medikament kann Blutzuckerwerte verbessern. Aber es ersetzt nicht automatisch Bewegung und Ernährung. Eine Schmerztablette kann Beschwerden dämpfen. Aber sie erklärt nicht immer, warum der Körper überlastet ist. Eine Operation kann notwendig sein. Aber sie macht den Körper nicht unabhängig von Schlaf, Muskeln, Stoffwechsel und Erholung.

Dieses Kapitel soll deshalb keine Kritik an moderner Medizin sein. Im Gegenteil: Moderne Medizin ist eine der größten Errungenschaften der Menschheit. Aber sie funktioniert am besten, wenn wir den Körper nicht dauerhaft gegen seine biologische Grundausstattung leben lassen.

Der Körper ist für Mangel gebaut

Über lange Zeit war Nahrung nicht selbstverständlich. Der Körper lernte, Energie zu speichern. Das war sinnvoll. Wer in guten Zeiten Reserven anlegen konnte, hatte in schlechten Zeiten bessere Chancen.

Heute leben viele Menschen in einer Welt, in der Energie ständig verfügbar ist. Der Körper hat aber kein modernes Update bekommen. Er reagiert auf Überfluss noch immer mit alten Programmen.

Wenn dauerhaft mehr Energie aufgenommen als verbraucht wird, speichert der Körper. Das ist kein moralisches Versagen. Es ist Biologie.

Besonders schwierig wird es, weil moderne Nahrung oft sehr energiedicht und leicht verfügbar ist. Sie erfordert wenig Kauen, wenig Aufwand und liefert schnell Belohnung. Das Gehirn registriert: Das lohnt sich.

Gleichzeitig bewegen wir uns weniger. Der Körper bekommt also ein Signal von Überfluss, aber kein entsprechendes Signal von Verbrauch.

Das kann langfristig zu Problemen führen: Gewichtszunahme, träge Stoffwechselprozesse, Müdigkeit, Heißhunger, ungünstige Blutzuckerreaktionen und stille Entzündungsprozesse.

Der Körper ist nicht dumm. Er tut, was er über lange Zeit gelernt hat: sichern, speichern, überleben.

Nur passt diese Strategie nicht mehr gut zu einer Welt, in der der Kühlschrank immer voll ist.

Bewegung ist kein Luxus

Viele Menschen betrachten Bewegung als Zusatzaufgabe. Als etwas, das man auch noch schaffen muss. Nach der Arbeit, nach dem Haushalt, nach den Verpflichtungen.

Evolutionär ist Bewegung aber kein Extra. Bewegung ist Grundzustand.

Der Körper nutzt Bewegung, um Systeme zu regulieren:

- Muskeln brauchen Reiz, um erhalten zu bleiben.
- Gelenke brauchen Bewegung, um versorgt zu werden.
- Der Stoffwechsel reagiert auf Aktivität.
- Der Blutzucker wird durch Muskelarbeit beeinflusst.
- Das Gehirn profitiert von Durchblutung.
- Stresshormone werden durch Bewegung abgebaut.
- Schlaf wird durch körperliche Aktivität stabilisiert.

Das bedeutet nicht, dass jeder Mensch Leistungssport machen muss. Im Gegenteil. Für viele wäre schon viel gewonnen, wenn Bewegung wieder natürlicher Teil des Tages würde.

Treppen. Spaziergänge. Gartenarbeit. Dehnen. Tragen. Aufstehen. Kleine Wege. Kurze Aktivierungen.

Der Körper versteht Regelmäßigkeit besser als gelegentliche Heldentaten.

Warum Prävention so schwer ist

Eigentlich wissen die meisten Menschen, was ihnen guttun würde. Mehr Bewegung. Besser schlafen. Weniger Stress. Weniger hochverarbeitete Nahrung. Mehr Pausen. Weniger Handy am Abend.

Trotzdem ist es schwer.

Das liegt auch daran, dass unser Gehirn stark auf unmittelbare Belohnung reagiert. Prävention belohnt oft erst später.

Die Schokolade belohnt sofort. Der Spaziergang manchmal erst danach. Die Serie belohnt sofort. Früher schlafen zahlt sich erst morgen aus. Die gesunde Routine zeigt ihre Wirkung erst nach Wochen oder Monaten.

Das alte Gehirn fragt: „Was bringt mir jetzt Sicherheit, Energie oder Erleichterung?"

Prävention verlangt dagegen Zukunftsdenken. Und Zukunft ist für das Nervensystem abstrakt.

Deshalb brauchen Menschen nicht nur Wissen. Sie brauchen Strukturen, die gutes Verhalten leichter machen.

Schmerz, Entzündung und Warnsignale

Schmerz ist unangenehm. Aber Schmerz ist nicht grundsätzlich der Feind. Er ist ein Signal.

Der Körper meldet: Hier stimmt etwas nicht. Hier ist etwas überlastet. Hier ist Schutz nötig. Hier braucht es Aufmerksamkeit.

Auch Entzündung ist nicht einfach schlecht. Sie ist Teil von Heilung und Abwehr. Problematisch wird es, wenn Systeme dauerhaft aktiviert bleiben. Wenn der Körper nicht mehr aus dem Alarm herausfindet.

Dann wird aus einem sinnvollen Schutzmechanismus eine Belastung.

Ein evolutionärer Blick hilft, Symptome nicht nur wegdrücken zu wollen. Er fragt zusätzlich: Was will der Körper anzeigen? Welche Belastung ist zu hoch? Was fehlt dem System? Bewegung? Schlaf? Nährstoffe? Ruhe? Sicherheit? Behandlung?

Natürlichkeit ist kein Ersatz für Medizin

Ein wichtiger Punkt muss klar sein: „Natürlich" ist nicht automatisch besser.

Eine natürliche Infektion kann gefährlich sein. Ein natürlicher Geburtsverlauf kann lebensbedrohlich werden. Eine natürliche Verletzung kann ohne Behandlung schlimme Folgen haben.

Moderne Medizin rettet Leben.

Dieses Kapitel soll deshalb keine Rückkehr zu einer romantischen Naturmedizin fordern. Sinnvoll ist eine Verbindung beider Perspektiven:

- moderne Diagnostik nutzen

- medizinische Behandlung ernst nehmen
- Medikamente nicht verteufeln
- gleichzeitig den Alltag biologiefreundlicher gestalten
- Prävention nicht unterschätzen
- Warnsignale des Körpers respektieren

Der Körper ist alt. Die Medizin ist modern. Beides muss kein Widerspruch sein.

Praxisbezug: Die fünf biologischen Grundfragen

Wer den eigenen Alltag überprüfen will, kann mit fünf einfachen Fragen beginnen:

1. Bekommt mein Körper täglich genug Bewegung?
2. Bekommt mein Gehirn ausreichend Schlaf und Dunkelheit?
3. Bekommt mein Stoffwechsel Nahrung, die ihn stabil hält?
4. Bekommt mein Nervensystem echte Erholung?
5. Bekommt mein soziales System Verbindung und Sicherheit?

Diese Fragen ersetzen keinen Arzt. Aber sie helfen, den Alltag als Teil der Gesundheit zu verstehen.

Merksatz

Medizin kann vieles reparieren. Aber der Alltag entscheidet oft, wie stark das System belastet wird.

Teil III: Stress, Angst und Denken

Kapitel 7: Stress und Angst – Die Geister der Vergangenheit

- Der Säbelzahntiger im Meeting: Wie die biologische Stressreaktion (Fight or Flight) funktioniert.
- Chronischer Stress im 21. Jahrhundert: Warum der Körper den Unterschied zwischen einer Deadline und Lebensgefahr nicht kennt.
- Praxis-Bezug: Evolutionäre Stressbewältigung – Warum Atmung, Natur und Bewegung das Gehirn sofort beruhigen.

Montagmorgen, 9:00 Uhr. Dein Posteingang quillt über, das Telefon klingelt ununterbrochen und in fünf Minuten erwartet dein Chef den Quartalsbericht, der noch gar nicht fertig ist. Spürst du es? Dein Herz klopft bis zum Hals, deine Muskeln spannen sich an, deine Atmung wird flach und auf deiner Stirn bildet sich kalter Schweiß.

Biologisch betrachtet passiert in diesem Moment genau dasselbe mit dir, was vor 50.000 Jahren passierte, wenn ein Jäger plötzlich im hohen Gras das dumpfe Knurren eines Säbelzahntigers hörte.

Das Problem ist nur: Im Büro gibt es keinen Tiger. Und weglaufen oder den Monitor mit einem Speer zu attackieren, sind im modernen Arbeitsleben eher mittelprächtige Karrierestrategien. Warum reagiert unser Körper in der Moderne also immer noch so extrem auf eigentlich völlig harmlose Situationen?

Der Säbelzahntiger im Meeting: Wie das Urzeit-Alarmsystem funktioniert

Um in der unbarmherzigen Wildnis der Urzeit zu überleben, brauchte der Mensch ein Alarmsystem, das in Sekundenschnelle und ohne langes Nachdenken reagiert. Dieses System wird von einem winzigen, mandelförmigen Bereich in unserem Gehirn gesteuert: der Amygdala (auch bekannt als unser „Rauchmelder" im Kopf).

Sobald die Amygdala eine Gefahr wittert, startet sie die sogenannte „Fight-or-Flight"-Reaktion (Kampf oder Flucht). Innerhalb von Millisekunden passiert im Körper Folgendes:

- Hormon-Cocktail: Adrenalin und Cortisol werden in rauen Mengen ins Blut geschossen.
- Energie-Umverteilung: Der Blutdruck steigt, das Herz pumpt wie wild, um Sauerstoff in die Beine und Arme zu jagen – bereit für den Sprint deines Lebens oder einen harten Kampf.
- Abschalten von Luxusfunktionen: Prozesse, die für die unmittelbare Flucht nicht gebraucht werden, werden radikal heruntergefahren. Dazu gehören die Verdauung, das Immunsystem und – fatalerweise – der präfrontale Kortex, also unser logisches Denkzentrum.

In der Steinzeit war das genial. Wer beim Anblick eines Raubtiers erst lange philosophierte („Ist das ein echter Tiger oder nur ein Schatten?"), flog aus dem Genpool. Wer sofort rannte, überlebte.

Chronischer Stress im 21. Jahrhundert: Die endlose Flucht

Unsere moderne Stress-Tragödie lässt sich in einem Satz zusammenfassen: Unser Körper kennt den Unterschied zwischen einer existentiellen Lebensgefahr und einer unhöflichen E-Mail nicht.

Für dein biologisches System ist der kritische Blick des Chefs, die drohende Deadline oder der Stau auf der Autobahn ein potenzieller Angreifer. Die Amygdala schlägt Alarm, und der Hormon-Cocktail wird freigesetzt.
In der Urzeit hatte dieser Stress jedoch ein klares Anfang und ein klares Ende: Nach ein paar Minuten war die Jagd oder die Flucht vorbei. Entweder warst du tot, oder du saßest sicher auf einem Baum. Durch die körperliche Anstrengung (Rennen/Kämpfen) wurden die Stresshormone komplett abgebaut, und der Körper fuhr wieder in den Ruhezustand (Homeostase) herunter.

Heute sitzen wir den Stress am Schreibtisch aus. Die Hormone bleiben im Blut, und der nächste Stressor wartet schon im Posteingang. Aus evolutionär sinnvollem akutem Stress wird gesundheitsschädlicher chronischer Stress.
Die Folge: Dauerhafte Erschöpfung, Verdauungsprobleme und ein geschwächtes Immunsystem.

Praxis-Bezug: Evolutionäre Stressbewältigung

Da wir die Stressoren der modernen Welt nicht alle abschalten können, müssen wir unserem inneren Steinzeitmenschen signalisieren, dass die „Flucht erfolgreich war". Reine Logik („Es ist doch nur eine Excel-Tabelle") hilft nicht, weil die Amygdala nicht logisch denkt. Wir müssen den Körper nutzen, um den Geist zu beruhigen.

Die körperliche Entladung (Der „Fake-Sprint"): Wenn du nach einem stressigen Meeting voller Adrenalin steckst, bewege dich. Dein Körper verlangt evolutionär nach Aktion. Geh zügig die Treppen rauf und runter, mach ein paar Kniebeugen auf der Toilette oder mach einen kurzen Power-Walk um den Block. Das signalisiert deinem Gehirn: „Wir sind dem Tiger entkommen" – und der Cortisolspiegel sinkt.

Die biologische Bremse (Das Ausatmen): Unsere Atmung ist direkt mit dem Nervensystem gekoppelt. Schnelles, flaches Einatmen signalisiert Gefahr. Langes, tiefes Ausatmen signalisiert Sicherheit (denn kein Mensch atmet ruhig aus, wenn er gejagt wird). Nutze die 4-7-8-Atemtechnik (4 Sekunden einatmen, 7 Sekunden halten, 8 Sekunden hörbar ausatmen), um die Amygdala manuell herunterzuregeln.

Zurück in die Natur (Biophilie-Effekt): Landschaften mit Bäumen, Wasser und Weitblick signalisierten unseren Vorfahren seit jeher: Hier gibt es Nahrung, Schutz und man sieht Feinde frühzeitig. Das Gehirn entspannt in der Natur automatisch. Schon der Blick ins Grüne oder ein paar Zimmerpflanzen im Büro senken den Blutdruck nachweislich.

Fazit : Wenn wir verstehen, dass unsere Ängste und unser Stress im Grunde nur veraltete Schutzmechanismen sind, können wir gelassener mit ihnen umgehen. Und dieses Verständnis von Bedrohung und Sicherheit ist nicht nur für uns alleine wichtig, sondern bestimmt auch maßgeblich, wie wir mit anderen interagieren – womit wir mitten in der sozialen Welt von Social Media, Status und dem modernen Dating landen.

KAPITEL 8: DER BLOCKIERTE VERSTAND – WIE STRESS UNSERE INTELLIGENZ SABOTIERT

- Der biologische Blackout: Warum Stress dumm macht
- Tunnelblick statt Weitblick
- Kreative Blockaden unter Druck
- Das Dopamin-Dilemma: Die Sucht nach Ablenkung
- Warum das Gehirn unter Stress einfache Antworten sucht
- Praxis-Bezug: Kognitives De-Stressing – zurück in den Denkmodus

Du stehst kurz vor einer wichtigen Präsentation oder hast gerade erfahren, dass ein Projekt komplett aus dem Ruder gelaufen ist. Du müsstest jetzt eigentlich einen kühlen Kopf bewahren, messerscharf analysieren und kreativ nach Lösungen suchen. Doch stattdessen fühlst du dich wie gelähmt. Du kannst dich kaum auf die einfachsten Zahlen konzentrieren, vergisst wichtige Argumente und triffst im schlimmsten Fall übereilte, kopflose Entscheidungen, die du später bereust.

Willkommen im biologischen Blackout. In diesem finalen Kapitel schließt sich der Kreis unseres Buches: Wir sehen, was passiert, wenn die Informationsflut und die Komplexität der Moderne (Kapitel 9) auf das Urzeit-Alarmsystem unseres Körpers (Kapitel 3) treffen. Spoiler: Es ist ein Desaster für deine kognitive Leistungsfähigkeit.

Der biologische Blackout: Warum Stress dumm macht

Es klingt paradox: Gerade dann, wenn wir unsere maximale Denkleistung am dringendsten bräuchten, entzieht uns der Körper die Ressourcen dafür. Die Ursache dafür ist eine rigorose evolutionäre Notfall-Priorisierung.

Für das logische Denken, das strategische Planen und die Impulskontrolle nutzen wir den präfrontalen Kortex (unser modernes „Riesenhirn"). Dieser Bereich arbeitet allerdings langsam und verbraucht enorm viel Energie. Wenn nun die Amygdala (unser Urzeit-Rauchmelder) extremen Stress oder Angst registriert, signalisiert sie dem Körper: „Lebensgefahr! Keine Zeit für logische Analysen!"

In diesem Moment passiert ein biologischer Raubbau: Der Körper kappt die Energiezufuhr (Glukose und Blutfluss) zum präfrontalen Kortex und leitet sie blitzschnell in die evolutionär älteren Regionen um – in das Stammhirn (für Reflexe) und in die Muskeln (für Kampf oder Flucht). Unter akutem Stress wird dein logisches Denkzentrum regelrecht schachmatt gesetzt. Du funktionierst nicht mehr als moderner Wissensarbeiter, sondern als rein instinktgesteuertes Urzeitwesen.

Tunnelblick statt Weitblick: Die kreative Blockade

Dieser Mechanismus sorgt für den berüchtigten kognitiven Tunnelblick. Wenn du vom Säbelzahntiger gejagt wirst, ist es überlebenswichtig, den Fokus starr auf den einzigen Fluchtweg zu richten. Kreativität, Empathie für die Kollegen (Kapitel 6) oder das Abwägen von langfristigen Alternativen wären in diesem Moment tödlich.

Im modernen Büro führt dieser Tunnelblick dazu, dass wir unter Druck:

- Keine innovativen Lösungsansätze mehr sehen.
- Verbissen auf veralteten, suboptimalen Strategien beharren.
- Die Zwischentöne in der Kommunikation mit dem Team komplett überhören und dadurch neue Konflikte heraufbeschwören.

Das Dopamin-Dilemma: Die Sucht nach Ablenkung

Chronischer Stress verändert zudem die Chemie unseres Gehirns. Durch die dauerhafte Ausschüttung von Cortisol wird unser Belohnungssystem unempfindlicher. Wir spüren normale, langfristige Erfolge kaum noch.

Um diesen Mangel auszugleichen, verlangt unser Gehirn nach schnellen, intensiven Dopamin-Kicks. Das ist der Grund, warum wir in stressigen Phasen besonders anfällig für destruktives Multitasking sind, permanent unsere Benachrichtigungen checken, zu ungesundem Fast Food greifen (Kapitel 2) oder uns in ziellosem Aktionismus verlieren. Wir versuchen verzweifelt, das gestresste Gehirn mit billigen Belohnungen zu beruhigen – und blockieren unsere eigentliche Arbeit dadurch nur noch mehr.

Praxis-Bezug: Kognitives De-Stressing – Zurück in den Denkmodus

Da du den biologischen Notfall-Schalter deines Körpers nicht einfach ausbauen kannst, musst du lernen, ihn manuell zurückzusetzen. Wenn du merkst, dass der Stress deinen Verstand blockiert, helfen keine rationalen Argumente („Ich muss mich jetzt einfach konzentrieren!"). Du musst den Körper nutzen, um das Gehirn zu beruhigen.

Der Reiz-Schnitt (Die kognitive Quarantäne): Wenn der Kopf blockiert, klappe den Laptop zu und lege das Smartphone weg. Die permanente Flut an neuen E-Mails und Nachrichten füttert die Amygdala ununterbrochen weiter. Schaffe für 15 Minuten eine absolute reizarme Umgebung, um den Alarmzustand abklingen zu lassen.

Die körperliche Entladung nutzen: Wie in Kapitel 3 beschrieben, will der Körper bei Stress eigentlich rennen. Wenn du vor einer schweren Entscheidung blockiert bist, verlasse den Schreibtisch. Ein intensiver, zügiger Fünf-Minuten-Spaziergang baut die im Blut kreisenden Stresshormone ab und gibt dem präfrontalen Kortex die Energie zurück.

Die „Eiswasser-Sicherung“ (Der Tauchreflex): Ein genialer biologischer Trick, um das Nervensystem sofort herunterzuregeln, ist der sogenannte Säugetier-Tauchreflex. Wenn du dir im Badezimmer eiskaltes Wasser ins Gesicht spritzt oder die Handgelenke kühlst, schaltet das Nervensystem augenblicklich vom sympathischen (Stress) in den paraspathischen (Ruhe) Modus. Der Puls sinkt, und der Verstand wird wieder klar.

- Das Gehirn im Energiesparmodus: Warum unser Denkorgan (das biologisch extrem viel Energie frisst) komplexe, abstrakte Aufgaben am liebsten aufschiebt (Prokrastination) und stattdessen einfache „Quick Wins“ sucht.
- Die Heuristiken der Urzeit: Wie uns evolutionäre Abkürzungen im Kopf („Schnelles Denken“) bei modernen, vielschichtigen Problemen in die Irre führen (kognitive Verzerrungen).
- Vom Mammut zum Riesenprojekt: Warum unser Gehirn Meilensteine braucht – die Evolution hat uns für kurzfristige Jagderfolge optimiert, nicht für Fünfjahrespläne.
- Praxis-Bezug: Evolutionary Task Management – Wie wir komplexe Aufgaben in „häppchenweise Jagden“ zerlegen, das Gehirn durch visuelle Fortschritte motivieren und kognitive Überlastung im Informationszeitalter vermeiden.

Stell dir vor, du sollst eine Fünfjahresstrategie für die digitale Transformation eines mittelständischen Unternehmens entwickeln. Die Variablen sind endlos: Markttrends, technologische Entwicklungen, Budgetbeschränkungen, Mitarbeiterkompetenzen und rechtliche Rahmenbedingungen. Du starrst auf das leere Dokument, dein Kopf fühlt sich schwer an, und nach zehn Minuten ertappst du dich dabei, wie du stattdessen deine ungelesenen E-Mails sortierst oder die Küche aufräumst.

Das ist das klassische Phänomen der Prokrastination (Aufschieberitis). Und wieder einmal ist die Ursache kein persönliches Versagen, sondern ein biologischer Konflikt: Unser Gehirn ist darauf optimiert, in einer relativ statischen, überschaubaren Welt schnelle, greifbare Entscheidungen zu treffen. Mit der abstrakten, langfristigen Komplexität des modernen Arbeitslebens ist es schlichtweg überfordert.

Das Gehirn im Energiesparmodus: Warum wir das Komplexe hassen

Wie wir in Kapitel 1 gelernt haben, ist unser Gehirn ein evolutionärer Luxusliner, der im Ruhezustand rund 20 % unserer gesamten Energie verschlingt. Logisches Nachdenken, das Abwägen von Wahrscheinlichkeiten und das Planen für die ferne Zukunft finden im präfrontalen Kortex statt – und diese Gehirnregion verbraucht beim Arbeiten unmengen an Glukose.

Für dein Steinzeitgehirn ist dieser Energieverbrauch ein potenzielles Risiko. In der Savanne galt die eiserne Regel: Verschwende keine Energie für abstrakte Probleme, wenn im Hier und Jetzt keine unmittelbare Gefahr oder Chance droht. Wenn du also vor einer komplexen, unübersichtlichen Aufgabe sitzt, signalisiert dein Gehirn: „Das ist zu anstrengend, die Ausbeute ist unklar. Lass uns lieber etwas Einfaches tun!" Das Sortieren von E-Mails oder das Scrollen durch Social Media. liefert sofortige, energiesparende „Quick Wins" und kleine Dopamin-Kicks. Das Gehirn wählt instinktiv den Weg des geringsten energetischen Widerstands.

Die Heuristiken der Urzeit: Wenn schnelles Denken in die Irre führt

Um im Alltag nicht permanent durch die Reizflut blockiert zu werden, nutzt unser Gehirn evolutionäre Abkürzungen, sogenannte Heuristiken (auch bekannt als „Schnelles Denken“ nach Daniel Kahneman). In der Urzeit waren diese Daumenregeln lebensrettend: Wenn etwas raschelt, renn weg. Wenn die Mehrheit des Stammes in eine Richtung läuft, folg ihnen.

In einer hochkomplexen Arbeitswelt führen uns diese mentalen Abkürzungen jedoch regelmäßig in die Falle (kognitive Verzerrungen):

- Der Verfügbarkeitsfehler: Wir bewerten Risiken nicht nach harten Daten, sondern danach, woran wir uns am schnellsten erinnern können (z. B. ein rührseliges Kundentelefonat von gestern wiegt schwerer als die Statistik des gesamten Jahres).
- Der Bestätigungsfehler (Confirmation Bias): Unser Gehirn filtert Informationen so, dass sie in unser bestehendes Weltbild passen. Widersprüchliche Daten, die ein Projekt gefährden könnten, werden schlichtweg übersehen oder uminterpretiert, um kognitive Energie zu sparen.

Vom Mammut zum Riesenprojekt: Das Problem mit den Fünfjahresplänen

Die Evolution hat uns für kurzfristige Jagderfolge optimiert. Eine Jagd dauerte ein paar Stunden oder Tage. Das Ergebnis war sofort sichtbar: Entweder man hatte Fleisch oder nicht. Unser biologisches Belohnungssystem ist exakt auf diese Zyklen eingestellt.
Moderne Projekte erstrecken sich oft über Monate oder Jahre. Die Belohnung liegt in weiter Ferne, und der tägliche Fortschritt ist kaum spürbar. Für deinen inneren Jäger ist das so, als würde er monatelang durch die Savanne laufen, ohne jemals ein Tier zu sehen, in der vagen Hoffnung, dass im Jahr 2028 ein Mammut auftaucht. Die Motivation bricht unweigerlich ein.

Praxis-Bezug: Evolutionary Task Management

Um komplexe Aufgaben erfolgreich zu bewältigen, müssen wir sie so servieren, dass unser Steinzeitgehirn sie „verstehen" und verarbeiten kann.
Die „Häppchen-Jagd" (Salamitaktik): Akzeptiere, dass dein Gehirn keine Riesenprojekte managen kann. Zerlege komplexe Aufgaben in absurd kleine, überschaubare Teilschritte (z. B. nicht: „Konzept schreiben", sondern: „Die ersten drei Stichpunkte für die Einleitung notieren"). Das senkt die energetische Hemmschwelle im Gehirn, und der erste kleine Erfolg schüttet das nötige Dopamin für den nächsten Schritt aus.

Fortschritt sichtbar machen: Da abstrakte Arbeit für das Auge unsichtbar ist, ziehe visuelle Tools wie Kanban-Boards heran (z. B. Trello oder Post-its an einer Wand). Das physische Verschieben einer Aufgabe von „In Arbeit" zu „Erledigt" simuliert den Jagderfolg. Dein Gehirn sieht: Wir haben Beute gemacht.

Kognitives Entlasten durch „Externe Speicher": Versuche nicht, alle Variablen eines komplexen Problems im Kopf zu jonglieren. Unser Kurzzeitgedächtnis kann biologisch nur etwa 4 bis 7 Informationen gleichzeitig halten. Nutze Mindmaps, Notizen oder digitale Tools, um dein Gehirn vom reinen „Speichern" zu entlasten, damit der präfrontale Kortex seine Energie für das eigentliche „Denken" nutzen kann.

Fazit: Was passiert, wenn wir diese komplexen Aufgaben nicht rechtzeitig in den Griff bekommen? Der Druck steigt, die Informationsflut reißt nicht ab, und wir landen im ultimativen biologischen Notstand. Im nächsten und letzten Kapitel schauen wir uns an, wie chronischer Stress unsere mühsam erkämpfte Intelligenz komplett sabotiert und wie wir diesen Kreislauf durchbrechen.

- Der Bestätigungsfehler: Warum wir suchen, was wir glauben
- Der Verfügbarkeitsfehler: Warum das Lauteste oft wichtiger wirkt als das Richtige
- Der Mitläufer-Effekt: Warum Zugehörigkeit stärker sein kann als Wahrheit
- Der Status-quo-Bias: Warum Veränderung sich gefährlich anfühlt
- Der Negativitäts-Bias: Warum schlechte Nachrichten kleben bleiben
- Praxis-Bezug: Wie du deine Denkfehler früher bemerkst

Unser Gehirn ist kein neutraler Computer. Es sammelt nicht einfach Daten, prüft sie sachlich und kommt dann zu einem objektiven Ergebnis. So würden wir es gerne sehen. Die Wirklichkeit ist unbequemer.

Unser Gehirn ist ein Überlebensorgan.

Es wurde nicht dafür gebaut, in jeder Situation die vollständig richtige Antwort zu finden. Es wurde dafür gebaut, schnell genug zu reagieren. In einer gefährlichen Umgebung war eine schnelle, halbwegs brauchbare Entscheidung oft wertvoller als eine langsame, perfekte Analyse.

Wenn im Gebüsch etwas raschelte, war es besser, einmal zu viel an eine Gefahr zu glauben, als einmal zu wenig. Wer zu lange überlegte, ob dort wirklich ein Raubtier saß oder nur der Wind die Gräser bewegte, konnte ein Problem bekommen. Schnell denken war also nicht primitiv. Schnell denken war überlebenswichtig.

Dieses schnelle Denken arbeitet mit Abkürzungen. Die Psychologie nennt sie Heuristiken. Das sind Faustregeln, mit denen unser Gehirn komplexe Situationen vereinfacht.

Solche Abkürzungen sind nicht grundsätzlich schlecht. Im Gegenteil: Ohne sie wären wir kaum handlungsfähig. Wir könnten keinen Alltag bewältigen, wenn wir jede Kleinigkeit vollständig analysieren müssten. Schon die Frage, was wir morgens anziehen, was wir essen, welchen Weg wir nehmen oder ob wir einer Person vertrauen, würde zu viel Energie kosten.

Unser Gehirn spart Energie, indem es Muster erkennt, Erfahrungen nutzt und schnell sortiert: bekannt oder unbekannt, sicher oder gefährlich, wichtig oder unwichtig, Freund oder Gegner, Chance oder Risiko.

Das Problem beginnt dort, wo diese alten Abkürzungen in der modernen Welt zu Denkfehlern werden.

Denn heute raschelt nicht nur ein Gebüsch. Heute raschelt der ganze Informationsdschungel. Nachrichten, Social Media, E-Mails, Werbung, Meinungen, Experten, Kommentare, Krisenmeldungen, Statistiken und persönliche Erfahrungen prasseln ständig auf uns ein. Unser Gehirn versucht trotzdem, schnell zu sortieren. Dabei liegt es manchmal gründlich daneben.

Denkfehler sind keine Zeichen von Dummheit. Sie sind Nebenwirkungen eines Gehirns, das schnell, energiesparend und sozial überlebensfähig arbeiten will.

Der Bestätigungsfehler: Warum wir suchen, was wir glauben

Einer der häufigsten Denkfehler ist der Bestätigungsfehler. Er bedeutet: Wir nehmen bevorzugt Informationen wahr, die zu dem passen, was wir ohnehin schon glauben.

Wenn wir einmal eine Meinung haben, sucht unser Gehirn nach Belegen dafür. Es liebt Bestätigung. Widerspruch dagegen kostet Energie. Er macht unsicher. Er zwingt uns, unsere innere Landkarte zu korrigieren. Und das mag das Gehirn nicht besonders.

Ein einfaches Beispiel: Wer glaubt, dass ein Kollege unzuverlässig ist, wird jedes Zuspätkommen dieses Kollegen als Beweis sehen. Kommt der Kollege pünktlich, wird es kaum bemerkt. Liefert er gute Arbeit, wird es vielleicht als Ausnahme bewertet. Macht er aber einen Fehler, sagt das Gehirn sofort: „Siehst du, genau das habe ich doch gewusst."

Der Bestätigungsfehler sorgt dafür, dass wir nicht mehr die Wirklichkeit prüfen, sondern unsere eigene Sichtweise verteidigen.

Evolutionär ist das verständlich. Eine stabile Sicht auf die Welt gibt Sicherheit. Wer ständig alles infrage stellt, verliert Orientierung. In einer kleinen Gruppe konnte es außerdem wichtig sein, die eigenen Überzeugungen mit denen der Gruppe abzugleichen. Gemeinsame Überzeugungen stärken Zusammenhalt.

Doch in der modernen Welt kann dieser Mechanismus gefährlich werden. Er macht uns anfällig für Vorurteile, Fehleinschätzungen und Echokammern. Besonders im Internet wird der Bestätigungsfehler verstärkt. Algorithmen zeigen uns häufig mehr von dem, womit wir ohnehin interagieren. Wer Angst hat, findet noch mehr Gründe für Angst. Wer empört ist, bekommt noch mehr Empörung. Wer eine Theorie glaubt, findet weitere scheinbare Beweise.

So entsteht schnell der Eindruck: „Alle sagen das." In Wahrheit sehen wir oft nur den Ausschnitt, den unser eigenes Verhalten und unsere bisherigen Überzeugungen hervorgebracht haben.

Der Bestätigungsfehler ist deshalb so tückisch, weil er sich nicht wie ein Fehler anfühlt. Er fühlt sich an wie Klarheit.

Der Verfügbarkeitsfehler: Warum das Lauteste oft wichtiger wirkt als das Richtige

Der Verfügbarkeitsfehler bedeutet: Was uns schnell einfällt, wirkt wichtiger, häufiger oder wahrscheinlicher, als es tatsächlich sein muss.

Unser Gehirn bewertet Risiken nicht nur nach Statistik. Es bewertet sie danach, wie leicht passende Beispiele abrufbar sind. Was emotional, laut, dramatisch oder oft wiederholt wurde, bleibt hängen. Und was hängen bleibt, wirkt bedeutsam.

Wenn in den Nachrichten ständig über Einbrüche berichtet wird, fühlt sich die eigene Wohngegend plötzlich unsicherer an. Wenn man von mehreren Krankheitsfällen hört, achtet man stärker auf jedes Körpersignal. Wenn ein Flugzeugabsturz groß in den Medien ist, wirkt Fliegen gefährlicher, obwohl andere Alltagsrisiken statistisch oft viel größer sind.

Das Gehirn sagt: „Wenn ich mich so gut daran erinnere, muss es wichtig sein."

Aber Erinnerung ist kein zuverlässiges Messinstrument. Sie ist emotional gefärbt.

Früher war diese Abkürzung sinnvoll. Wenn jemand aus der Gruppe von einer giftigen Pflanze, einem gefährlichen Tier oder einem feindlichen Stamm berichtete, war es klug, sich das gut zu merken. Dramatische Informationen konnten überlebenswichtig sein.

Heute leben wir aber in einer Medienwelt, die Dramatik belohnt. Das Laute, Schockierende und Empörende bekommt Aufmerksamkeit. Ruhige Normalität dagegen selten.

Niemand berichtet täglich ausführlich: „Millionen Menschen sind heute sicher zur Arbeit gefahren." Aber ein schwerer Unfall bleibt im Kopf. Niemand meldet ständig: „Die meisten Hunde haben heute niemanden gebissen.“ Aber ein einzelner Angriff kann Angst auslösen.

Der Verfügbarkeitsfehler verzerrt also unser Bild von der Wirklichkeit. Nicht unbedingt, weil wir schlecht denken, sondern weil unser Gehirn sichtbare, emotionale und wiederholte Informationen überbewertet.

Im Alltag führt das dazu, dass wir Risiken falsch einschätzen. Wir fürchten manchmal das Seltene und übersehen das Häufige. Wir reagieren auf das Dramatische und ignorieren das Leise.

Der Mitläufer-Effekt: Warum Zugehörigkeit stärker sein kann als Wahrheit

Der Mensch ist ein Gruppenwesen. Das ist eine der wichtigsten Grundlagen unseres Verhaltens. Über lange Zeit war Zugehörigkeit keine Nebensache, sondern Überlebensbedingung.

Wer allein war, war gefährdet. Wer von der Gruppe ausgeschlossen wurde, verlor Schutz, Nahrung, Hilfe und soziale Sicherheit. Deshalb achtet unser Gehirn sehr genau darauf, was die anderen denken, fühlen und tun.

Daraus entsteht der Mitläufer-Effekt. Wir halten etwas eher für richtig, wenn viele andere es ebenfalls glauben oder tun.

Das kann harmlos sein. Wenn ein Restaurant voll ist, vermuten wir: Es muss gut sein. Wenn ein Produkt viele Bewertungen hat, vertrauen wir ihm eher. Wenn viele Menschen in eine Richtung laufen, folgen wir vielleicht, ohne lange zu prüfen.

In vielen Situationen ist das sogar praktisch. Die Gruppe kann eine Informationsquelle sein. Wenn viele Menschen vor etwas zurückweichen, könnte Gefahr bestehen. Wenn viele einen Weg nehmen, führt er vielleicht tatsächlich zum Ziel.

Aber die Gruppe kann sich auch irren.

Der Mitläufer-Effekt wird gefährlich, wenn Zugehörigkeit wichtiger wird als Wahrheit. Dann sagen Menschen nichts, obwohl sie Zweifel haben. Sie stimmen zu, obwohl sie innerlich widersprechen. Sie übernehmen Meinungen, weil sie nicht ausgegrenzt werden wollen. Sie lachen mit, obwohl sie es nicht lustig finden. Sie schweigen, obwohl sie etwas bemerken.

Im Büro sieht man das oft in Meetings. Eine Person mit hohem Status äußert eine Meinung. Andere nicken. Vielleicht denken einige: „Das sehe ich anders." Aber niemand möchte der Störenfried sein. Nach kurzer Zeit wirkt es so, als seien alle einverstanden. Dabei ist vielleicht nur niemand mutig genug, den ersten Widerspruch auszusprechen.

Evolutionär ist das nachvollziehbar. Widerspruch kann Status kosten. Wer gegen die Gruppe steht, riskiert Ablehnung. Unser Gehirn wägt also nicht nur sachlich ab: Was ist richtig? Es fragt auch: Was kostet mich diese Meinung sozial?

Deshalb kann Zugehörigkeit stärker sein als Wahrheit.

Eine reife Gruppe erkennt genau dieses Risiko. Sie schafft Räume, in denen Zweifel erlaubt sind. Denn gute Entscheidungen entstehen nicht dadurch, dass alle sofort nicken. Sie entstehen dadurch, dass unterschiedliche Perspektiven ausgesprochen werden dürfen, ohne dass jemand seinen Platz im Stamm verliert.

Der Status-quo-Bias: Warum Veränderung sich gefährlich anfühlt

Der Status-quo-Bias beschreibt unsere Neigung, am Bestehenden festzuhalten. Selbst dann, wenn Veränderung sinnvoll wäre.

Das Bekannte fühlt sich sicherer an als das Unbekannte. Nicht unbedingt besser, aber vertrauter. Und Vertrautheit beruhigt das Gehirn.

Früher war das verständlich. Wer eine Wasserstelle kannte, einen sicheren Lagerplatz hatte oder wusste, welche Wege gefährlich waren, profitierte von bewährten Routinen. Nicht jede Neuerung war eine Chance. Manche Neuerung konnte tödlich sein.

Das Gehirn lernte also: Bekanntes hat sich zumindest bisher bewährt.

In der modernen Welt führt dieser Mechanismus dazu, dass wir oft länger an Dingen festhalten, als gut für uns ist. Wir bleiben in unpassenden Jobs, schlechten Gewohnheiten, überholten Abläufen, ungesunden Routinen oder belastenden Beziehungen, weil Veränderung unsicher wirkt.

Dabei ist der jetzige Zustand vielleicht gar nicht gut. Er ist nur bekannt.

Das macht den Status-quo-Bias so stark. Er verwechselt Vertrautheit mit Sicherheit.

In Unternehmen zeigt sich das besonders deutlich. Neue Software wird abgelehnt, obwohl die alte umständlich ist. Neue Arbeitsmodelle werden kritisch gesehen, obwohl die bisherigen Abläufe Menschen erschöpfen. Prozesse bleiben bestehen, weil sie „schon immer so gemacht wurden".

Der Satz „Das haben wir schon immer so gemacht" ist das Lieblingslied des Status-quo-Bias.

Veränderung bedeutet für das Gehirn Kontrollverlust. Man weiß nicht genau, was kommt. Man muss neu lernen. Man könnte Fehler machen. Man könnte

Status verlieren. Man könnte sich blamieren. Das alte System war vielleicht nervig, aber wenigstens berechenbar.

Deshalb braucht gute Veränderung nicht nur Argumente. Sie braucht Sicherheit.

Menschen verändern sich leichter, wenn sie verstehen, warum die Veränderung nötig ist, was gleich bleibt, was sie beeinflussen können und welcher erste Schritt überschaubar ist.

Der Status-quo-Bias verschwindet nicht durch Druck. Unter Druck wird er oft stärker. Denn Druck signalisiert Gefahr, und bei Gefahr klammert sich das Gehirn noch mehr an Bekanntes.

Der Negativitäts-Bias: Warum schlechte Nachrichten kleben bleiben

Unser Gehirn merkt sich Negatives besonders gut. Ein kritischer Satz kann uns länger beschäftigen als fünf Komplimente. Eine schlechte Bewertung bleibt im Kopf, auch wenn viele Menschen zufrieden waren. Ein Fehler verfolgt uns, obwohl vieles gelungen ist.

Das ist der Negativitäts-Bias.

Er bedeutet: Negative Informationen bekommen mehr Gewicht als positive.

Auch dieser Denkfehler hat evolutionäre Wurzeln. Für das Überleben war es wichtiger, Gefahren zu beachten als Schönes zu genießen. Wer eine giftige Beere vergaß, konnte sterben. Wer eine schöne Blume übersah, hatte meist kein großes Problem. Gefahr musste also besonders stark gespeichert werden.

Das Gehirn entwickelte eine Art Klettverschluss für Negatives und eine glatte Oberfläche für Positives.

Heute führt das dazu, dass schlechte Nachrichten, Kritik, Konflikte und Bedrohungen stärker hängen bleiben. Medien nutzen diesen Mechanismus, oft ohne dass wir es merken. Schlechte Nachrichten ziehen Aufmerksamkeit an. Empörung bindet. Angst hält wach. Das Gehirn will wissen, ob Gefahr droht.

Im persönlichen Alltag kann der Negativitäts-Bias sehr belastend sein. Er verzerrt die Selbstwahrnehmung. Man sieht, was nicht gelungen ist, und übersieht, was funktioniert. Man erinnert sich an die peinliche Situation, aber nicht an die vielen normalen Begegnungen. Man bewertet einen Tag nach dem einen unangenehmen Moment, obwohl vieles okay war.

Der Negativitäts-Bias kann auch Beziehungen belasten. Wenn man innerlich vor allem Fehler sammelt, entsteht ein schiefes Bild des anderen. Kleine Ärgernisse werden Beweise. Positive Gesten werden selbstverständlich. Irgendwann sieht man nicht mehr den ganzen Menschen, sondern nur noch die Liste seiner Mängel.

Das bedeutet nicht, dass man Negatives ignorieren sollte. Gefahr, Kritik und Probleme können wichtig sein. Aber sie brauchen Gegengewicht.

Das Gehirn muss bewusst daran erinnert werden, dass nicht nur das Schlechte wahr ist.

Praxis-Bezug: Wie du deine Denkfehler früher bemerkst

Denkfehler lassen sich nicht vollständig abschalten. Das wäre auch gar nicht sinnvoll. Unser Gehirn braucht Abkürzungen, um den Alltag zu bewältigen.

Aber wir können lernen, sie früher zu bemerken.

Der erste Schritt ist eine kurze innere Pause. Immer wenn eine Reaktion sehr stark, sehr schnell oder sehr sicher wirkt, lohnt sich ein zweiter Blick.

Hilfreiche Fragen sind:

Suche ich gerade nur nach Bestätigung?

Das ist besonders wichtig, wenn man schon eine feste Meinung hat. Frage dich: Welche Information würde meiner Meinung widersprechen? Habe ich sie wirklich geprüft? Oder sammle ich nur Belege für das, was ich ohnehin glaube?

Verwechsle ich Verfügbarkeit mit Wahrheit?

Nur weil mir ein Beispiel sofort einfällt, muss es nicht häufig sein. Frage dich: Ist das wirklich typisch? Oder ist es nur laut, emotional oder frisch in meinem Kopf?

Folge ich der Gruppe, obwohl ich Zweifel habe?

Hier hilft die Frage: Würde ich das auch denken, wenn niemand anderes es sagen würde? Oder will ich vor allem dazugehören?

Halte ich am Alten fest, weil es gut ist – oder nur, weil es bekannt ist?

Nicht jede Veränderung ist sinnvoll. Aber auch nicht jede Gewohnheit verdient Loyalität. Frage dich: Würde ich diesen Zustand heute neu wählen?

Sehe ich gerade nur das Negative?

Dann lohnt sich eine Gegenfrage: Was ist ebenfalls wahr? Was hat funktioniert? Was ist neutral? Was ist besser, als mein Alarmgefühl behauptet?

Diese Fragen wirken einfach. Aber sie schaffen Abstand. Und Abstand ist entscheidend.

Denn ein Denkfehler hat am meisten Macht, wenn wir ihn für Realität halten.

Der moderne Umgang mit alten Abkürzungen

Das Ziel ist nicht, perfekt rational zu werden. Das wäre unrealistisch. Menschen sind keine Maschinen. Wir fühlen, deuten, erinnern, vergleichen und reagieren.

Das Ziel ist, etwas bewusster zu werden.

Wir können akzeptieren, dass unser Gehirn Abkürzungen nutzt. Gleichzeitig können wir prüfen, ob diese Abkürzungen in der aktuellen Situation hilfreich sind.

Manchmal ist schnelles Denken gut. Wenn ein Auto auf uns zufährt, müssen wir nicht lange analysieren. Wenn eine Situation gefährlich wirkt, darf der Körper reagieren.

Aber bei E-Mails, Konflikten, Geldentscheidungen, Gesundheitsängsten, politischen Meinungen, beruflichen Veränderungen oder Beziehungsthemen ist ein zweiter Blick oft sinnvoll.

Die wichtigste Fähigkeit ist nicht, nie wieder Denkfehler zu machen. Die wichtigste Fähigkeit ist, sie früher zu erkennen.

Merksatz

Unser Gehirn sucht nicht immer die Wahrheit. Oft sucht es Sicherheit, Zugehörigkeit und schnelle Orientierung.

Teil IV: Soziales Leben, Status und Beziehungen

Kapitel 11: Social Media, Status und Dating – Die Biologie der Verbundenheit

- Das Stammes-Gehirn: Warum Einsamkeit für uns lebensgefährlich wirkt und wir die Anerkennung der „Gruppe“ suchen.
- FOMO und der digitale Dorfplatz: Wie Instagram und Co. unsere Evolution für Klicks ausnutzen.
- Die Partnerwahl: Welche unbewussten evolutionären Muster unsere Partnersuche im Tinder-Zeitalter steuern.
- Praxis-Bezug: Gesündere digitale Hygiene durch das Verständnis unserer sozialen Ur-Instinkte.

Wenn du abends durch dein Smartphone scrollst, um zu sehen, wie viele Likes dein letztes Foto bekommen hat, oder wenn du auf Dating-Apps nach links und rechts wischst, fühlt sich das hypermodern an. Doch die treibende Kraft hinter jedem Klick, jedem Match und jedem sehnsüchtigen Blick auf die Kommentarspalte ist steinalt.

Wir sind soziale Tiere. Für unsere Vorfahren in der Savanne war die Gemeinschaft kein netter Luxus, sondern die Lebensversicherung schlechthin. Wer aus der Gruppe ausgestoßen wurde, war so gut wie tot. Kein Wunder also, dass unser Gehirn heute noch jede Form von sozialer Interaktion mit den stärksten biologischen Belohnungs- und Alarmsignalen steuert, die es auf Lager hat.

Das Stammes-Gehirn: Warum wir die Anerkennung der Gruppe suchen

In der Urzeit lebten Menschen in kleinen, überschaubaren Gruppen – den Clans oder Stämmen. Innerhalb dieses Stammes war dein sozialer Status überlebenswichtig. Wer einen hohen Status hatte (weil er ein guter Jäger, eine erfahrene Heilerin oder besonders verlässlich war), bekam die besten Stücke vom Fleisch, den sichersten Schlafplatz und die Unterstützung der anderen, wenn er krank war.

Unser Gehirn hat deshalb ein feines Antennensystem entwickelt, das permanent unseren sozialen Status scannt:
Das Lob der anderen: Schüttet Dopamin und Serotonin aus. Es signalisiert: „Du bist sicher, der Stamm mag dich."

Ignoranz oder Ablehnung: Aktiviert im Gehirn exakt dieselben Areale wie physischer Schmerz. Es signalisiert: „Achtung, dir droht der Ausschluss und damit der Tod."

Heute leben wir nicht mehr in Stämmen von 50 Personen, sondern in einer globalisierten Welt. Unser Gehirn aber sucht immer noch nach den Signalen der Zugehörigkeit. Wenn du heute ein Bild postest, simuliert dein Gehirn eine soziale Interaktion auf dem Dorfplatz der Urzeit. Jedes „Like" ist das virtuelle Schulterklopfen eines Stammesmitglieds.

FOMO und der digitale Dorfplatz: Die Ausbeutung unserer Instinkte

Plattformen wie Instagram, TikTok oder LinkedIn wurden von Verhaltensbiologen und Software-Entwicklern so designt, dass sie genau diese Ur-Instinkte triggern. Das Phänomen FOMO (Fear of Missing Out – die Angst, etwas zu verpassen) ist nichts anderes als die evolutionäre Angst, wichtige Informationen des Stammes zu verpassen. Wer in der Steinzeit nicht mitbekam, dass die Gruppe weiterzieht oder dass eine neue Gefahrenquelle droht, war isoliert.

Das Problem der modernen Welt: Unser „digitaler Stamm" umfasst plötzlich Millionen von Menschen. Wir vergleichen uns nicht mehr mit dem Nachbarn aus der Höhle nebenan, sondern mit den erfolgreichsten, schönsten und reichsten Menschen des gesamten Planeten. Dieser permanente Vergleich signalisiert unserem Gehirn fälschlicherweise: „Du bist ganz unten in der Hierarchie, du musst dich mehr anstrengen!" – ein Garant für chronische Unzufriedenheit.

Die Partnerwahl: Tinder im Licht der Evolution

Auch beim Thema Dating und Partnersuche greifen unbewusste, evolutionäre Muster, die sich über Jahrtausende bewährt haben. Bei der Wahl eines Partners sucht unser Gehirn (oft völlig unbewusst) nach biologischen Fitness-Signalen:

- Symmetrie und Hautbild: Werden instinktiv mit Gesundheit und einem starken Immunsystem verknüpft.
- Status und Ressourcen: Signalisierten in der Urzeit die Fähigkeit, den Nachwuchs zu beschützen und zu ernähren.
- Humor und Eloquenz: Zeigen ein hochentwickeltes, gesundes Gehirn und soziale Kompetenz – beides extrem wichtig für das Überleben im Stamm.

Dating-Apps nutzen diese Mechanismen aus, indem sie uns eine unendliche Auswahl an potenziellen Partnern vorgaukeln. Für unser Steinzeitgehirn ist das purer Stress: In einer kleinen Gruppe gab es vielleicht eine Handvoll potenzieller Partner. Die schiere Masse auf dem digitalen Heiratsmarkt führt heute oft zur „Auswahlparalyse" – wir können uns nicht entscheiden, weil hinter dem nächsten „Swipe" ja noch jemand Besseres warten könnte.

Praxis-Bezug: Gesündere digitale Hygiene durch Urzeit-Wissen

Wenn du weißt, warum Social Media und Dating-Apps so süchtig machen, kannst du die Kontrolle zurückgewinnen. Du kämpfst nicht gegen eine App, du kämpfst gegen deine eigene Evolutionsbiologie.

Den „Stamm“ künstlich verkleinern: Mach dir bewusst, dass dein Gehirn nicht dafür gebaut ist, die Meinung von Fremden im Internet zu verarbeiten. Definiere deinen „echten Stamm“ – eine Handvoll enger Freunde und Familie, deren Feedback wirklich zählt. Wenn ein Fremder im Netz dich kritisiert, sag dir: „Das ist nicht mein Stamm, seine Meinung bedroht mein Überleben nicht.“

Dopamin-Fasten und Barrieren bauen: Da die Apps auf die unvorhersehbare Belohnung (wie die Jagd) setzen, musst du die Reize reduzieren. Schalte alle Push-Benachrichtigungen aus. Wenn das Handy nicht vibriert, wird der „Such-Instinkt“ deines Gehirns nicht permanent getriggert.

Echte Nähe statt digitaler Likes: Qualität vor Quantität. Ein tiefes, persönliches Gespräch von Angesicht zu Angesicht (bei dem wir Mimik, Gestik und Tonfall des anderen wahrnehmen) schüttet deutlich mehr echtes Bindungshormon (Oxytocin) aus als hundert Likes. Es gibt dem Gehirn das tiefe Gefühl von echter Sicherheit.

Fazit für das nächste Kapitel: Unsere sozialen Bedürfnisse enden nicht, wenn wir die Augen schließen. Im Gegenteil: Wie wir schlafen und wann wir wach sind, war in der Steinzeit eine Frage von Leben und Tod – und das steuert unseren Biorhythmus bis heute.

Kapitel 12: Der digitale Stamm – Wie Zoom, Teammeetings und Residenzpflicht in der Savanne wurzeln

Der moderne Mensch sitzt im ergonomischen Bürostuhl, starrt auf einen Monitor und bespricht in einem „Daily Stand-up“ die Quartalszahlen. Oberflächlich betrachtet hat das nichts mehr mit dem Überlebenskampf unserer Vorfahren zu tun. Doch blickt man durch die Brille der Evolutionspsychologie, wird schnell klar: Wir nutzen exakt dieselben sozialen Überlebensprogramme wie vor 50.000 Jahren.

12.1. Das Teammeeting: Das moderne Lagerfeuer

Warum treffen wir uns ständig in Gruppen, um zu Reden, selbst wenn eine E-Mail gereicht hätte?

Der evolutionäre Hintergrund: In der Vorzeit war die Gruppe überlebenswichtig. Wer isoliert war, starb. Das gemeinsame Sitzen im Kreis (damals um das Lagerfeuer) diente der Festigung von Allianzen, der Absprache für die nächste Jagd und dem Austausch von Informationen (Tratsch), um Hierarchien und Vertrauen zu klären.

Die moderne Entsprechung: Das Teammeeting ist das moderne Lagerfeuer. Es geht oft gar nicht primär um die harten Fakten, sondern um soziale Kohäsion. Wir versichern uns gegenseitig, dass wir noch Teil des „Stammes“ sind. Das Erstellen von Allianzen und das Abstecken von Revieren und Status (Wer redet wie viel? Wer sitzt wo?) passiert heute am Konferenztisch genauso wie damals.

12.2. Das Zoommeeting: Die visuelle Überforderung unseres Steinzeithirns

Warum sind wir nach einem Tag voller Videokonferenzen oft erschöpfter als nach echten Treffen („Zoom Fatigue")?

Der evolutionäre Hintergrund: Unsere Vorfahren kommunizierten über das 3D-Gesamtpaket: Körpersprache, Mikro-Mimik, Tonfall, Geruch und räumliche Distanz. Das Gehirn hat hochspezialisierte Areale, um zu scannen, ob das Gegenüber Freund oder Feind ist. Ein direkter, dauerhafter Augenkontakt über Stunden bedeutete in der Evolution meistens: Aggression oder Paarungsabsicht.

Die moderne Entsprechung: Bei Zoom starren uns zehn Köpfe gleichzeitig aus nächster Nähe direkt in die Augen. Für unser Steinzeitgehirn signalisiert das eine dauerhafte Bedrohungs- oder Stresssituation. Zudem fehlen uns die physischen Signale (z. B. sieht man nicht, ob jemand unruhig mit den Füßen zappelt). Das Gehirn muss die fehlenden Daten durch enorme Rechenleistung kompensieren – wir sind evolutionär schlicht nicht für 2D-Kommunikation verdrahtet.

12.3. Residenzpflicht und Homeoffice: Das Dilemma von Territorium und Freiheit

Warum fällt es Unternehmen so schwer, die "Residenzpflicht" (Präsenzpflicht im Büro) aufzugeben, und warum verteidigen Mitarbeiter ihr Homeoffice so vehement?

Der evolutionäre Hintergrund: Territoriumsverhalten und Ressourcenkontrolle sind tief verankert. Der „Anführer" eines Stammes musste seine Gefolgschaft im Blick behalten, um Kooperation zu sichern und Trittbrettfahrer (Free-Rider) zu minimieren. Für das Individuum wiederum war ein sicherer, kontrollierbarer Rückzugsort (die eigene Höhle/Basis) überlebenswichtig für die Regeneration.

Die moderne Entsprechung: * Aus Sicht des Managements: Die Residenzpflicht bedient den evolutionären Kontrollinstinkt. Wenn der Chef seine "Horde" nicht sieht, signalisiert das Steinzeitgehirn Kontrollverlust und Angst vor Trittbrettfahrern.

Aus Sicht der Mitarbeiter: Das Homeoffice ist die ultimative Kontrolle über das eigene Territorium. Im eigenen „Lager" (Zuhause) fallen die Stressoren des fremden Territoriums (Großraumbüro, ständige Beobachtung durch Höhergestellte) weg.

Fazit

Wir haben die Savanne verlassen, aber die Savanne hat uns nie verlassen. Wenn wir verstehen, dass ein anstrengendes Zoom-Meeting oder der Drang des Chefs nach Präsenz keine modernen Schikanen sind, sondern biologische Echos unserer Vergangenheit, können wir den Arbeitsalltag viel stressfreier und artgerechter gestalten.

12.4. Flexible Arbeitszeit: Zurück zum Rhythmus der Jäger und Sammler

Der klassische „9-to-5"-Takt ist eine Erfindung der Fabrikära. Flexible Arbeitszeiten hingegen passen viel besser zu unserer Biologie.

Der evolutionäre Hintergrund: Unsere Vorfahren kannten keine Stechuhren. Gejagt und gesammelt wurde, wenn die Bedingungen optimal waren, die Beute aktiv war oder der Hunger es verlangte. Danach folgten intensive Phasen der Ruhe und des sozialen Austauschs. Zudem gab es in Stämmen schon immer unterschiedliche Chronotypen (Lerchen und Eulen): Einige mussten morgens früh wach sein, um Spuren zu lesen, andere mussten nachts das Lagerfeuer bewachen.

Die moderne Entsprechung: Starre Arbeitszeiten zwingen alle Menschen in denselben Rhythmus, was zu chronischem Stress und Schlafmangel führt. Flexible Arbeitszeiten (Gleitzeit, Vertrauensarbeitszeit) erlauben es uns, dann zu arbeiten, wenn unsere biologische Energie am höchsten ist. Sie spiegeln die evolutionäre Notwendigkeit wider, Aufgaben nach biologischer Bereitschaft und nicht nach dem Stand des Zeigers zu erledigen.

12.5. Arbeitsschutzgesetze: Der künstliche Schutzwall für den Steinzeitkörper

Gesetze zu maximalen Arbeitszeiten, Pausenregelungen und ergonomischen Arbeitsplätzen wirken oft bürokratisch – evolutionspsychologisch sind sie jedoch eine Überlebensnotwendigkeit in einer unnatürlichen Welt.

Der evolutionäre Hintergrund: Unser Körper und Geist sind auf das Prinzip von akutem Stress gefolgt von Regeneration ausgelegt. Ein Jäger sprintete kurz hinter einer Antilope her (maximaler Stress/Cortisol-Ausstoß) und ruhte sich danach stundenlang aus. Dauerhafter, unterschwelliger Stress über Monate hinweg war in der Natur extrem selten und signalisierte meist eine tödliche Hungersnot oder anhaltende Bedrohung durch Feinde.

Die moderne Entsprechung: Das moderne Büro bietet konstanten, chronischen Stress (Deadlines, E-Mails, Leistungsdruck) ohne körperliches Ventil und ohne echte Ruhephasen. Da unser biologischer Selbstschutzmechanismus in der modernen Leistungsgesellschaft oft versagt (weil das Gehirn gelernt hat, Erschöpfungssignale für den Erfolg zu ignorieren), springen Arbeitsschutzgesetze als künstliche Instinkte ein. Sie zwingen uns zu den Pausen und Begrenzungen, die uns die Natur früher ganz von allein diktiert hätte.

12.6. "Work-Life-Balance" und Urlaubsanspruch: Die Rückkehr in den Normalzustand

Warum fordern jüngere Generationen immer vehementer eine ausgewogene Balance und festen Urlaub?

Der evolutionäre Hintergrund: Anthropologische Studien zeigen, dass Jäger und Sammler oft nur etwa 15 bis 20 Stunden pro Woche mit der reinen „Arbeit“ (Nahrungsbeschaffung) verbrachten. Der Rest des Tages bestand aus Ausruhen, dem Pflegen von Beziehungen, Spielen und Ritualen. Das Konzept, das gesamte Leben der Arbeit unterzuordnen, ist evolutionär betrachtet eine absolute Anomalie.

Die moderne Entsprechung: Der Drang nach Urlaub und Freizeit ist kein Zeichen von Faulheit, sondern das gesunde Verlangen unseres Organismus, das evolutionäre Gleichgewicht wiederherzustellen. Urlaub ist die moderne Form des „erfolgreichen Saisonschlusses“ – die Jagd ist vorbei, die Vorräte sind voll, jetzt muss sich der Stamm regenerieren, um langfristig zu überleben.

12.7. Mobbing: Die dunkle Seite der sozialen Selektion

Mobbing am Arbeitsplatz ist kein Phänomen der Neuzeit, sondern die Fehlleitung eines archaischen Kontrollmechanismus.

Der evolutionäre Hintergrund: In einer Jäger-und-Sammler-Gruppe war absolute Kooperation überlebenswichtig. Wer sich nicht an die Regeln hielt, Ressourcen verschwendete oder die Gruppe gefährdete, wurde sanktioniert. Ein Werkzeug dafür war das Schnittmengel-Verhalten (Ostrazismus): Die Gruppe signalisierte dem Individuum durch Ausgrenzung, Klatsch und Abwertung, dass sein Verhalten nicht toleriert wird. Es diente dazu, Konformität zu erzwingen und "Trittbrettfahrer" oder Unruhestifter zu disziplinieren. Die moderne Entsprechung: Heute hat sich dieser Mechanismus verselbstständigt. In anonymen Großstrukturen oder unter schlechter Führung wird Mobbing oft missbraucht, um unliebsame Konkurrenten um Status und Ressourcen (wie Beförderungen) auszuschalten. Da unser Gehirn Ausgrenzung mit dem sicheren Tod in der Wildnis gleichsetzt, reagieren Gemobbte nicht nur mit Trauer, sondern mit existentieller Panik und physischem Schmerz. Das Gehirn verarbeitet soziale Ausgrenzung in denselben Arealen wie körperlichen Schmerz.

12.8. Die Kündigung: Der virtuelle Ausstoß aus dem Stamm

Der Verlust des Arbeitsplatzes wird psychologisch oft ähnlich schwer verkraftet wie der Verlust eines Angehörigen. Warum reagieren wir so extrem auf ein Stück Papier oder ein Kündigungsgespräch?

Der evolutionäre Hintergrund: Der absolute Super-GAU für einen Frühmenschen war der Ausschluss aus dem Stamm (Exil). Alleine in der Savanne zu überleben, war so gut wie unmöglich. Man hatte keinen Schutz vor Raubtieren, keine geteilte Nahrung und keine Unterstützung bei Krankheit. Eine Verbannung war de facto ein Todesurteil.

Die moderne Entsprechung: Wenn uns heute gekündigt wird, greift das moderne Sozialsystem (Arbeitslosengeld etc.), wir verhungern nicht. Aber unser Steinzeitgehirn weiß das nicht. Für das Unterbewusstsein bedeutet die Kündigung: "Du wurdest aus dem Stamm verstoßen. Du bist auf dich allein gestellt. Du wirst sterben." Deshalb löst eine Kündigung oft tiefe Existenzängste, Identitätskrisen und Depressionen aus. Es ist die Reaktivierung der uralten Angst vor dem Exil.

12.9. Das "Gossip" (Flurfunk): Das evolutionäre Immunsystem der Abteilung

Ergänzend zu Mobbing gehört das Lästern in der Kaffeeküche – der berüchtigte Flurfunk.

Der evolutionäre Hintergrund: Bevor es Gesetze gab, war Tratsch (Gossip) das wichtigste Werkzeug, um den Ruf (Reputation) anderer Gruppenmitglieder zu überwachen. Wer ist verlässlich? Wer betrügt? Durch Tratsch konnte man den Charakter von jemandem einschätzen, ohne selbst eine schlechte Erfahrung gemacht zu haben. Es war der "soziale Klebstoff" und das Immunsystem des Stammes.

Die moderne Entsprechung: Der Flurfunk im Büro erfüllt exakt dieselbe Funktion. Er dient dazu, informelle Hierarchien abzufragen, Allianzen zu schmieden und herauszufinden, wer "ein guter Teampartner" ist und wer nicht. Es ist das ungeschriebene Regelwerk jeder Abteilung.

Diese Punkte zeigen die Kehrseite der Medaille: Die Savanne hat uns nicht nur kooperativ gemacht, sondern uns auch mit grausamen Mechanismen zur sozialen Regulation ausgestattet. Für Führungskräfte in Unternehmen ist das ein wichtiger Hebel: Sie müssen verstehen, dass Mobbing und Kündigungen psychologische Urängste triggern und daher mit höchster Verantwortung und Sensibilität behandelt werden müssen.

12.10. Statussymbole: Vom dicksten Mammutknochen zum Dienstwagen

Warum sind uns der Titel auf der Visitenkarte, das größte Eckbüro oder ein bestimmtes Automodell so unglaublich wichtig, selbst wenn das Gehalt auch ohne diese Dinge stimmen würde?

Der evolutionäre Hintergrund: In einer Hierarchie bedeutete ein höherer Status besseren Zugang zu Ressourcen (Nahrung, sichere Schlafplätze) und attraktivere Partner. Da man Status nicht im Gesicht geschrieben steht, mussten Frühmenschen ihn signalisieren – durch die prächtigsten Federn, den besten Platz am Feuer oder die erfolgreichste Jagdbeute. Wer Status hatte, wurde respektiert und geschützt.

Die moderne Entsprechung: Der Firmenwagen, das neueste Smartphone-Modell oder der Titel „Senior Vice President" sind die modernen Federn im Haar. Unser Steinzeitgehirn leitet daraus ab: „Ich bin wichtig für den Stamm, mein Überleben ist gesichert." Deshalb reagieren Mitarbeiter extrem empfindlich, wenn ihnen ein Statussymbol (wie das eigene Einzelbüro) weggenommen wird – es fühlt sich evolutionär wie eine soziale Degradierung und damit wie eine Bedrohung an.

12.11. "Desk-Sharing" vs. Handtuch-Krieg: Das Revierverhalten am Arbeitsplatz

Viele moderne Unternehmen führen „Desk-Sharing“ ein (niemand hat mehr einen festen Schreibtisch). Warum stößt das oft auf so massiven, teils absurden Widerstand, bei dem Mitarbeiter morgens um sieben ihr "Revier" mit Kaffeetassen markieren?

Der evolutionäre Hintergrund: Territorium bedeutete Sicherheit. Wer sein Revier (seine Höhle, seinen Jagdgrund) nicht klar markierte und verteidigte, riskierte, dass Fremde die Ressourcen stahlen oder im Schlaf angriffen. Ein fester, bekannter Ort senkt das Stresslevel, weil das Gehirn nicht ständig nach neuen Gefahren scannen muss.

Die moderne Entsprechung: Ein fester Schreibtisch mit Familienfotos und der eigenen Lieblingstasse ist die moderne Höhle. Wird uns diese genommen, gerät das Steinzeitgehirn in Alarmbereitschaft. Das morgendliche Sichern eines Tisches beim Desk-Sharing ist nichts anderes als das biologische Markieren von Reviergrenzen, um psychologische Sicherheit in einer unvorhersehbaren Umgebung zu schaffen.

12.12. Das Alpha-Gehabe in Meetings: Breitbeiniges Dominanzverhalten

Warum neigen manche Menschen (oft, aber nicht nur Männer) dazu, in Meetings den Raum einzunehmen, laut zu reden oder sich demonstrativ zurückzulehnen?

Der evolutionäre Hintergrund: Bei Primaten und frühen Menschen wurden Konflikte um die Führung des Stammes oft ohne echten Kampf, sondern durch visuelle Dominanzsignale gelöst. Wer sich größer machte (Brust raus, breiter Stand), signalisierte Stärke und schüchterte Konkurrenten ein, um Verletzungen bei einem echten Kampf zu vermeiden.

Die moderne Entsprechung: Wenn der Chef oder ein Kollege sich im Meeting breitbeinig hinsetzt, die Hände hinter dem Kopf verschränkt oder das Wort an sich reißt und andere unterbricht, ist das pures Imponiergehabe aus dem Tierreich. Es ist der Versuch, ohne körperliche Gewalt die Rangordnung im Raum zu klären. Das Spannende: Wir reagieren unterbewusst immer noch darauf – dominante Körpersprache schüchtert uns oft ein, noch bevor wir die Argumente der Person überhaupt sachlich geprüft haben.

Schlusssatz für das gesamte Kapitel:

Mit diesen Punkten hast du ein extrem rundes Kapitel, das den Bogen perfekt spannt. Du könntest das Kapitel mit einem Augenzwinkern so beenden: „Wenn Sie das nächste Mal in einem Zoom-Meeting sitzen, während der Kollege sich breitbeinig in Szene setzt, der Chef das Meeting als Lagerfeuer-Ersatz missbraucht und Sie insgeheim Ihrem festen Schreibtisch hinterhertrauern, atmen Sie tief durch. Sie sind nicht in einem schlecht organisierten Unternehmen – Sie sind einfach nur ein Mensch, dessen Gehirn versucht, die Regeln der Savanne im 21. Jahrhundert anzuwenden."

12.13. Symbole der Macht: Vom Prachtschmuck zur Statusschnittstelle

Das Thema „Symbole der Macht“ (oder Statussymbole) ist eines der faszinierendsten Felder der Evolutionspsychologie. In deinem Buch schließt dieses Thema nahtlos an die vorherigen Punkte an. Es zeigt, dass wir zwar keine Kronen oder Zepter mehr im Büro tragen, unsere modernen Statussymbole aber exakt dieselbe neurobiologische Funktion erfüllen.

In jeder menschlichen Kultur – und auch im Tierreich – gibt es klare Signale für Macht, Rang und Einfluss. Wer Macht besitzt, signalisiert dies seiner Umwelt unmissverständlich. Doch warum investieren wir so viel Energie in Symbole, die rein funktional oft gar keinen Mehrwert bieten?

Der evolutionäre Hintergrund: In einer hierarchischen Gruppe war es überlebenswichtig, den Rang eines anderen Individuums sofort zu erkennen. Ein Kampf um Ressourcen (Nahrung, Partner, Territorium) ist biologisch extrem teuer und riskant, da Verletzungen tödlich enden konnten. Statussymbole dienten als visuelle Abkürzung: Sie signalisierten Stärke, Jagderfolg oder Allianzen, ohne dass es zum Kampf kommen musste. Der erfolgreichste Jäger trug die Zähne des Raubtiers als Kette, der Häuptling den aufwendigsten Kopfschmuck. Das Signal war klar: „Ich habe die Ressourcen und die Kraft, dieses Symbol zu erlangen. Leg dich nicht mit mir an.“

Die moderne Entsprechung: Heute jagen wir keine Höhlenbären mehr, aber die Psychologie dahinter ist identisch. Machtsymbole im modernen Arbeitsleben lassen sich in drei Kategorien unterteilen:

- Räumliche Symbole: Das Eckbüro in der obersten Etage (evolutionär: der erhöhte, sicherste Platz mit dem besten Ausblick über das Territorium).
- Objektbasierte Symbole: Die Luxusuhr, der maßgeschneiderte Anzug oder das Premium-Dienstfahrzeug. Diese Gegenstände funktionieren wie das Prinzip des Handicap-Signals in der Biologie (wie der Pfauenschwanz): Ich zeige damit, dass ich es mir leisten kann, enorme Ressourcen für etwas zu

verschwenden, das rein funktional (ein Auto fährt auch ohne Ledersitze, eine günstige Uhr zeigt auch die Zeit) nicht notwendig wäre.
   - Digitale Symbole: Der blaue Haken auf Social Media, die Anzahl der Follower oder die "Cc"-Hierarchie in wichtigen E-Mails. Wer im "Verteiler der Macht" ganz oben steht, gehört zum inneren Kreis des Stammes.
   -

Merksatz für dieses Buch: > Statussymbole sind die visuellen Friedensverträge der Evolution. Sie klären die Rangordnung, bevor das erste Wort gesprochen wird, und verhindern so kräftezehrende Konflikte im Team.

12.13.1. Der "Kühlschrank-Effekt" (Impostor-Syndrom): Die Angst, als Hochstapler enttarnt zu werden

Sehr viele erfolgreiche Menschen haben im Job das Gefühl, sie würden gar nicht genug wissen und jemand würde bald merken, dass sie eigentlich „nichts können“.

Der evolutionäre Hintergrund: In der Savanne durfte man sich keine Schwäche anmerken lassen. Wer Schwäche zeigte, sank in der Hierarchie oder wurde bei der nächsten Jagd nicht mitgenommen. Gleichzeitig war die Überschätzung der eigenen Fähigkeiten tödlich (z. B. wenn man dachte, man könne es alleine mit einem Löwen aufnehmen). Das Gehirn hat daher einen permanenten Selbstzweifel-Mechanismus entwickelt, um uns demütig, vorsichtig und extrem aufmerksam gegenüber der Meinung der Gruppe zu halten.

Für die Leser: Es ist ein befreiender Gedanke zu wissen, dass das Hochstapler-Syndrom keine psychische Schwäche ist, sondern ein uralter Schutzmechanismus, der uns vor Selbstüberschätzung bewahren soll.

12.13.2. E-Mail-Apokalypse: Warum wir bei Textnachrichten sofort das Schlimmste annehmen

Kennst du das? Der Chef schreibt eine kurze Mail: "Kommen Sie bitte morgen um 9 Uhr in mein Büro." Sofort schießt der Puls hoch und man geht im Kopf die Kündigung durch. Am Ende wollte er nur wissen, wo die Kaffeelöffel liegen.

Der evolutionäre Hintergrund: In der Natur war es überlebenswichtig, pessimistisch zu sein (Negativity Bias). Wer hinter einem raschelnden Gebüsch den Wind vermutete, lag zu 99 % richtig. Wer aber einmal falsch lag und den Säbelzahntiger übersah, war tot. Unser Gehirn geht bei Unklarheiten immer vom Worst-Case-Szenario aus.

Für die Leser: Da E-Mails und Slack-Nachrichten keine Mimik und Tonalität übertragen, füllt unser Steinzeitgehirn die Lücken automatisch mit der schlimmsten Befürchtung. Das zu wissen, nimmt enorm viel Stress aus der digitalen Kommunikation.

12.13.3. Das "Feierabend-Bier" und Kaffeeklatsch: Spiegelneuronen und die Jagdpause

Warum ist uns das gemeinsame Mittagessen oder der Kaffee mit Kollegen so wichtig, obwohl es reine Zeitverschwendung für die Produktivität zu sein scheint?
Der evolutionäre Hintergrund: Nach einer erfolgreichen Jagd teilte der Stamm die Beute. Beim gemeinsamen Essen sank der Cortisolspiegel (Stress), das Bindungshormon Oxytocin wurde ausgeschüttet. Es war die einzige Zeit, in der man absolut sicher war – denn wenn alle aßen, gab es aktuell keine Bedrohung.
Für die Leser: Gemeinsames Essen im Büro (oder der Kaffee zwischendurch) schaltet das Gehirn von "Überlebenskampf" auf "Sicherheit". Es baut Barrieren ab und ist der beste Treat gegen Burnout.

12.13.4. Das "Not-Invented-Here"-Syndrom: Warum wir Ideen von anderen Abteilungen hassen

Warum wehren sich Teams oft vehement gegen Vorschläge, die aus einer anderen Abteilung (z. B. Marketing vs. IT) kommen, selbst wenn die Ideen brillant sind?

Der evolutionäre Hintergrund: Das ist das klassische In-Group vs. Out-Group-Verhalten (Wir gegen Die). Fremde Stämme waren potenzielle Konkurrenten um Territorium und Nahrung. Was von außen kam, war prinzipiell gefährlich oder minderwertig.

Für die Leser: Silodenken in Unternehmen ist nichts anderes als Stammesfehden. Wer das versteht, kann Abteilungen nicht durch Druck, sondern nur durch das Schaffen einer gemeinsamen Identität ("Wir sind ein Stamm") zusammenführen.

- Tinder im Licht der Evolution
- Warum Bindung biologische Sicherheit gibt
- Eifersucht, Verlustangst und Kontrolle
- Paarbindung zwischen Fürsorge, Sexualität und Alltag
- Warum Beziehungskonflikte oft Sicherheits- oder Statuskonflikte sind
- Familie als ursprüngliches Überlebensnetz
- Praxis-Bezug: Beziehungen mit evolutionärem Verständnis entspannen

Warum in Beziehungen oft zwei Nervensysteme um Sicherheit kämpfen

Liebe wirkt modern. Dating-Apps, Hochzeitsfotos, Paartherapie, gemeinsame Wohnungen, Patchwork-Familien, Messenger-Nachrichten und Beziehungsratgeber scheinen weit entfernt von der Welt der Jäger und Sammler.

Aber das Grundthema ist uralt: Bindung.

Menschen suchen Nähe, weil Nähe Sicherheit gibt. Ein verlässlicher Partner, eine Familie oder eine stabile Gruppe bedeuteten Schutz, Versorgung, Unterstützung und Überlebenschancen.

Deshalb ist Bindung für unser Gehirn nicht einfach ein schönes Extra. Bindung ist ein Sicherheitssystem.

Wenn eine wichtige Beziehung stabil ist, beruhigt sich das Nervensystem. Wenn sie bedroht scheint, wird es aktiv.

Das erklärt, warum kleine Dinge so groß wirken können.

Eine kurze Antwort. Ein genervter Ton. Ein vergessener Anruf. Ein Blick aufs Handy. Ein Rückzug. Ein Schweigen.

Der Verstand sagt vielleicht: „Das ist doch nicht so schlimm."

Das Bindungssystem fragt aber: „Bin ich noch wichtig? Bin ich sicher? Werde ich verlassen? Verliere ich meinen Platz?"

Partnerwahl ist nicht nur Romantik

Partnerwahl hat viele Ebenen. Natürlich spielen Persönlichkeit, Humor, Werte, Aussehen, gemeinsame Interessen und Lebensziele eine Rolle. Aber evolutionär betrachtet geht es auch um Sicherheit, Fürsorge, Verlässlichkeit, Gesundheit, Status, Ressourcen, Nähe und Zukunft.

Das heißt nicht, dass Menschen bewusst kalkulieren. Vieles läuft unbewusst. Wir fühlen uns angezogen, beruhigt, irritiert oder abgestoßen, bevor wir es klar erklären können.

Moderne Dating-Welten verstärken dieses Problem. Auf Dating-Apps werden Menschen in Sekunden beurteilt. Ein Wisch ersetzt ein echtes Kennenlernen. Das Gehirn bekommt viele mögliche Optionen, aber wenig echte Bindungssicherheit.

Das kann zu einem paradoxen Effekt führen: Viele Auswahlmöglichkeiten machen nicht unbedingt zufriedener. Sie können auch unsicherer machen. Man fragt sich: Gibt es noch jemanden Besseren? Habe ich mich zu früh festgelegt? Warum antwortet die andere Person nicht?

Das alte Bindungssystem trifft auf einen digitalen Marktplatz.

Bindung als biologisches Sicherheitsprogramm

In einer verlässlichen Beziehung erlebt der Körper Sicherheit. Das muss nicht dramatisch oder romantisch sein. Oft zeigt es sich in einfachen Dingen:

- Der andere ist da.
- Man wird gesehen.
- Man kann sich verlassen.
- Man muss nicht ständig kämpfen.
- Man darf schwach sein.
- Man wird nicht sofort ausgestoßen, wenn man Fehler macht.

Bindung bedeutet: Ich bin nicht allein.

Das ist ein starkes biologisches Signal.

Deshalb können Beziehungsprobleme den ganzen Körper beeinflussen. Streit, Kälte, Distanz oder Unsicherheit können Schlaf, Appetit, Konzentration und Stimmung verändern.

Der Körper trennt nicht sauber zwischen „emotionalem Problem" und „körperlichem Problem". Für das Nervensystem ist beides miteinander verbunden.

Eifersucht und Verlustangst

Eifersucht ist ein schwieriges Gefühl. Sie kann zerstörerisch werden. Sie kann kontrollieren, verletzen und Beziehungen vergiften.

Aber evolutionär betrachtet ist sie nicht zufällig. Sie hängt mit Verlustangst zusammen. Wenn eine wichtige Bindung bedroht erscheint, schlägt das System Alarm.

Das Problem ist: Das Alarmsystem ist nicht immer genau.

Es kann echte Hinweise erkennen. Es kann aber auch aus Unsicherheit, früheren Erfahrungen, niedrigem Selbstwert oder Missverständnissen anspringen.

Dann entsteht ein innerer Film:

- „Ich bin nicht mehr wichtig."
- „Da ist bestimmt jemand anderes."
- „Ich werde ersetzt."
- „Ich verliere meinen Platz."

Dieser Film fühlt sich real an, auch wenn er nicht stimmen muss.

Wichtig ist daher: Eifersucht ist ein Signal, aber kein Beweis.

Sie zeigt, dass Sicherheit fehlt. Sie entscheidet aber nicht automatisch, was wahr ist.

Kontrolle als missglückter Versuch, Sicherheit herzustellen

Wenn Menschen sich unsicher fühlen, versuchen sie manchmal Kontrolle herzustellen. Sie fragen immer wieder nach. Sie prüfen Nachrichten. Sie verlangen Beweise. Sie testen den anderen. Sie machen Vorwürfe. Sie ziehen sich zurück, um den anderen zu bestrafen.

Kurzfristig kann Kontrolle beruhigen. Langfristig zerstört sie oft genau das, was sie schützen will.

Denn Bindung wächst nicht durch Überwachung. Bindung wächst durch Vertrauen, Klarheit, Verlässlichkeit und ehrliche Kommunikation.

Wer kontrolliert, sagt im Grunde: „Ich habe Angst."

Nur kommt diese Botschaft beim anderen oft als Angriff an.

Nähe und Freiheit

Ein zentraler Beziehungskonflikt entsteht aus zwei Grundbedürfnissen:

- Nähe
- Autonomie

Der Mensch will verbunden sein. Aber er will auch frei sein. Er will gesehen werden, aber nicht kontrolliert. Er will dazugehören, aber nicht verschwinden.

In Beziehungen geraten diese Bedürfnisse oft aneinander.

Der eine sucht Nähe, wenn er unsicher ist. Der andere sucht Abstand, wenn er sich bedrängt fühlt. Je mehr der eine zieht, desto mehr weicht der andere zurück. Je mehr der andere zurückweicht, desto stärker sucht der eine Nähe.

So entsteht ein Kreislauf.

Evolutionär betrachtet versuchen beide, Sicherheit herzustellen. Nur auf unterschiedliche Weise.

Der eine denkt: „Ich bin sicher, wenn du nah bist."

Der andere denkt: „Ich bin sicher, wenn ich Luft bekomme."

Viele Streitigkeiten handeln nicht vom sichtbaren Thema

Paare streiten selten nur über das, worüber sie gerade sprechen.

Oberflächlich geht es um:

- Haushalt
- Geld
- Kinder
- Arbeit
- Handy
- Familie
- Freizeit
- Ordnung
- Sexualität
- Zeit

Darunter geht es oft um:

- Werde ich gesehen?
- Werde ich respektiert?
- Bin ich wichtig?
- Kann ich mich verlassen?
- Habe ich Einfluss?
- Bin ich sicher?
- Muss ich mich verteidigen?
- Verliere ich Nähe?

Wenn man nur über die Oberfläche spricht, bleibt der Konflikt oft bestehen.

Erst wenn die tiefere Ebene sichtbar wird, kann sich etwas lösen.

Praxisbezug: Der Beziehungs-Check

Bei einem Streit kann man innerlich prüfen:

- Geht es wirklich nur um das Thema?
- Oder geht es um Sicherheit?
- Geht es um Respekt?
- Geht es um Nähe?
- Geht es um Freiheit?
- Geht es um Angst?
- Was braucht mein Nervensystem gerade?
- Was braucht das Nervensystem des anderen?

Ein hilfreicher Satz kann sein:

„Ich glaube, es geht mir gerade nicht nur um diese Sache. Ich fühle mich unsicher / nicht gesehen / unter Druck."

Das ist ehrlicher als Angriff.

Merksatz

In Beziehungen streiten oft nicht zwei Meinungen, sondern zwei Nervensysteme um Sicherheit.

- Warum Geld für das Gehirn Sicherheit bedeutet
- Vom Vorratslager zum Bankkonto
- Verlustangst: Warum Verlieren stärker schmerzt als Gewinnen freut
- Besitzdenken: Vom Territorium zum Eigenheim
- Statuskonsum: Warum wir Dinge kaufen, die andere sehen sollen
- Schulden, Unsicherheit und Dauerstress
- Praxis-Bezug: Besser mit Geldängsten und Konsumimpulsen umgehen

Warum unser Gehirn nie genug Vorräte hat

Geld ist eine moderne Erfindung. Die Angst vor Knappheit ist uralt.

Für unser Gehirn ist Geld nicht nur eine Zahl. Geld bedeutet Möglichkeit. Schutz. Kontrolle. Vorrat. Status. Freiheit. Zukunft.

Deshalb reagieren Menschen auf Geld selten rein sachlich. Ein Kontostand kann beruhigen oder beunruhigen. Eine Rechnung kann Stress auslösen. Eine unerwartete Ausgabe kann den ganzen Tag überschatten. Eine Kündigung kann sich nicht nur wie ein berufliches Ereignis anfühlen, sondern wie ein Angriff auf die eigene Sicherheit.

Der moderne Mensch bezahlt mit Karte, schaut aufs Online-Banking und vergleicht Versicherungen. Aber tief im Inneren fragt ein älteres System: Reicht es? Bin ich sicher? Habe ich genug Vorrat? Kann ich eine Krise überstehen?

Vom Vorratslager zum Bankkonto

Früher bestand Sicherheit aus konkreten Dingen:

- Nahrung
- Wasser
- Feuer
- Werkzeuge
- Schutz
- Kleidung
- Verbündete
- Wissen über die Umgebung
- Zugang zur Gruppe

Heute übernimmt Geld viele dieser Funktionen. Mit Geld kann man Nahrung kaufen, heizen, wohnen, fahren, reparieren, behandeln, reisen, vorsorgen und Krisen abfedern.

Deshalb fühlt sich Geldverlust nicht neutral an. Das Gehirn übersetzt ihn in mögliche Gefahr.

Auch wenn objektiv keine akute Lebensgefahr besteht, kann der Körper reagieren:

- Anspannung
- Grübeln
- Schlafprobleme
- Druckgefühl
- Reizbarkeit
- Scham
- Streit

Finanzielle Unsicherheit ist nicht nur Mathematik. Sie ist Nervensystem.

Warum Verlieren stärker schmerzt als Gewinnen freut

Viele Menschen empfinden einen Verlust stärker als einen gleich großen Gewinn. Eine unerwartete Ausgabe über 500 Euro kann stärker belasten, als eine Einnahme über 500 Euro erfreut.

Das ist evolutionär nachvollziehbar. Ein Verlust konnte früher gefährlich sein. Wer Vorräte verlor, Werkzeuge verlor oder seinen Platz in der Gruppe verlor, musste reagieren.

Das Gehirn behandelt Verlust daher besonders aufmerksam.

In der modernen Welt zeigt sich das bei:

- Geldanlagen
- Rechnungen
- Jobverlust
- Rentenangst
- Reparaturen
- Versicherungen
- Erbschaften
- Schulden
- sinkendem Einkommen

Der Verlust steht innerlich oft größer im Raum als der Gewinn.

Das erklärt auch, warum Menschen manchmal an schlechten Entscheidungen festhalten. Sie wollen nicht verlieren. Sie wollen nicht zugeben, dass etwas nicht funktioniert hat. Sie halten an Besitz, Verträgen, Projekten oder Investitionen fest, obwohl Loslassen sinnvoller wäre.

Besitz als Territorium

Besitz bedeutet Kontrolle. Kontrolle bedeutet Sicherheit.

Darum hängt an Besitz oft mehr Gefühl, als man auf den ersten Blick sieht.

Ein Haus ist nicht nur ein Gebäude. Es ist Schutzraum, Statussymbol, Lebensleistung, Erinnerung und Territorium.

Ein Auto ist nicht nur Fortbewegung. Es kann Freiheit, Status, Selbstbild oder Unabhängigkeit bedeuten.

Ein Schreibtisch ist nicht nur Möbel. Er kann Revier sein. Deshalb entstehen im Büro echte Gefühle, wenn Arbeitsplätze plötzlich geteilt, verändert oder gestrichen werden.

Der Mensch markiert Räume. Nicht immer bewusst, aber deutlich:

- „Das ist mein Platz."
- „Das ist mein Bereich."
- „Das ist mein System."
- „Das ist meine Ordnung."
- „Das gehört zu mir."

Wenn diese Ordnung gestört wird, reagiert das Reviergefühl.

Statuskonsum: Dinge, die andere sehen sollen

Nicht jeder Kauf dient nur dem praktischen Bedarf. Manche Dinge kaufen Menschen auch, weil sie etwas zeigen.

Statussignale gab es schon immer. Früher waren es vielleicht Schmuck, Stärke, Jagderfolg, besondere Fähigkeiten oder Zugang zu Ressourcen. Heute sind es Autos, Kleidung, Technik, Häuser, Urlaube, Titel, Marken, Körperbilder, Followerzahlen oder berufliche Positionen.

Status ist nicht oberflächlich im einfachen Sinn. Status bedeutete evolutionär Zugang zu Ressourcen, Partnerwahl, Einfluss und Schutz.

Deshalb interessiert sich das Gehirn dafür, wo wir im Vergleich zu anderen stehen.

Problematisch wird es, wenn Statuskonsum die eigene Sicherheit schwächt. Wenn Dinge gekauft werden, um sich kurz besser zu fühlen, langfristig aber Druck erzeugen.

Dann kauft das Gehirn Anerkennung auf Kredit.

Schulden und Dauerstress

Schulden können sachlich betrachtet planbar sein. Ein Kredit kann sinnvoll sein. Eine Investition kann vernünftig sein.

Aber für das Nervensystem fühlt sich Verschuldung oft anders an. Sie kann ein Gefühl von Abhängigkeit erzeugen.

- Ich bin nicht frei.
- Ich muss funktionieren.
- Ich darf nicht ausfallen.
- Ich bin ausgeliefert.
- Ich kann nicht einfach gehen.
- Ich habe keine Kontrolle.

Je unsicherer die finanzielle Lage, desto stärker kann das Alarmsystem arbeiten.

Das führt manchmal zu paradoxem Verhalten. Manche Menschen vermeiden dann gerade die Zahlen, die ihnen Klarheit geben würden. Sie öffnen Briefe nicht. Sie schauen nicht aufs Konto. Sie schieben Entscheidungen auf.

Das Gehirn will Angst vermeiden. Aber dadurch wächst die Unsicherheit.

Praxisbezug: Geldangst beruhigen

Der erste Schritt ist Sichtbarkeit.

Unsichtbare Gefahr wirkt größer als sichtbare Gefahr. Deshalb helfen klare Zahlen.

Praktisch bedeutet das:

- Einnahmen und Ausgaben aufschreiben
- feste Kosten kennen
- kleine Rücklagen bilden
- Verträge vereinfachen
- Rechnungen nicht aufschieben
- Konsumimpulse verzögern
- Geldgespräche nicht im Streit führen
- Statuskäufe ehrlich erkennen

Ein sehr kleiner Schritt kann mehr bewirken als ein großer Vorsatz.

Nicht: „Ich muss meine Finanzen komplett in den Griff bekommen."

Sondern: „Ich öffne heute einen Brief."
Oder: „Ich schreibe drei feste Kosten auf."
Oder: „Ich warte 24 Stunden, bevor ich etwas kaufe."

Das Sicherheitsgehirn beruhigt sich durch Überblick, nicht durch Vermeidung.

Merksatz

Geld ist modern. Die Angst vor Knappheit ist uralt.

KAPITEL 15: SINN, RITUALE UND GEMEINSCHAFT

- Warum Menschen Geschichten brauchen
- Mustererkennung: Warum unser Gehirn Bedeutung sucht
- Rituale als sozialer Klebstoff
- Religion, Werte und Gruppenzugehörigkeit
- Moderne Ersatzrituale: Sport, Marken, Unternehmen und Social Media
- Praxis-Bezug: Eigene Rituale bewusst gestalten

Warum der Mensch Geschichten braucht

Der Mensch lebt nicht nur von Nahrung, Schlaf und Schutz. Er lebt auch von Bedeutung.

Er will wissen, wer er ist, wo er hingehört und wofür sich Anstrengung lohnt. Er will Ereignisse einordnen. Er will Muster erkennen. Er will aus Erfahrungen Geschichten machen.

Das unterscheidet den Menschen nicht völlig von anderen Lebewesen, aber beim Menschen ist diese Fähigkeit besonders stark. Wir erzählen über unser Leben. Wir erklären unsere Vergangenheit. Wir planen Zukunft. Wir geben Dingen Namen. Wir schaffen Rituale, Symbole und gemeinsame Werte.

Ein Mensch ohne Sinn kann äußerlich versorgt sein und sich trotzdem verloren fühlen.

Evolutionär betrachtet ist Sinn nicht nur ein philosophisches Thema. Sinn verbindet Menschen. Gemeinsame Geschichten schaffen Gruppen. Gruppen schaffen Sicherheit.

Das Gehirn sucht Muster

Unser Gehirn ist ein Mustererkennungsorgan.

Früher war das überlebenswichtig. Wer Spuren lesen konnte, fand Nahrung. Wer Wetterzeichen erkannte, konnte sich vorbereiten. Wer Stimmungen in der Gruppe wahrnahm, konnte Konflikte vermeiden. Wer Geräusche richtig deutete, erkannte Gefahr.

Das Gehirn fragt ständig: Was bedeutet das?

Heute sucht es weiterhin Muster. Manchmal hilfreich, manchmal übertrieben.

Eine zufällige Bemerkung wird als Angriff gedeutet. Ein Blick wird interpretiert. Eine E-Mail ohne Smiley wirkt kalt. Eine schlechte Nachricht scheint ein Zeichen für eine kommende Katastrophe.

Das Gehirn kann schlecht mit Bedeutungslosigkeit leben. Es fügt Bedeutung hinzu.

Das erklärt, warum Geschichten so mächtig sind.

Geschichten ordnen das Leben

Menschen denken nicht nur in Fakten. Sie denken in Erzählungen.

Eine Tatsache lautet: „Ich habe meinen Job verloren."

Eine Geschichte daraus kann lauten:

- „Ich bin gescheitert."
- „Ich wurde ungerecht behandelt."
- „Ich muss mich neu erfinden."
- „Das war ein Ende, aber auch ein Anfang."
- „Ich bin nicht mehr gebraucht."
- „Jetzt beginnt etwas anderes."

Die Tatsache ist ähnlich. Die Geschichte verändert das Erleben.

Das gilt für viele Lebensbereiche: Krankheit, Trennung, Umzug, Alter, berufliche Veränderung, Erfolg, Misserfolg, Familie, Geld, Körper, Vergangenheit.

Die Geschichten, die wir über uns erzählen, können uns stärken oder schwächen.

Rituale beruhigen das Nervensystem

Rituale geben Vorhersehbarkeit. Und Vorhersehbarkeit beruhigt.

Ein Ritual muss nicht religiös sein. Es kann ganz alltäglich sein:

- morgens Kaffee trinken
- abends eine Runde gehen
- sonntags gemeinsam essen
- vor dem Schlafen lesen
- am Freitag die Woche abschließen
- eine Kerze anzünden
- Tagebuch schreiben
- Geburtstage feiern
- sich verabschieden
- nach einer Reise Fotos sortieren

Rituale sagen dem Gehirn: Es gibt Ordnung. Es gibt Wiederholung. Es gibt Halt.

In unsicheren Zeiten werden Rituale besonders wichtig. Sie geben Struktur, wenn außen zu viel offen ist.

Auch Unternehmen nutzen Rituale: Meetings, Jahresauftakte, Auszeichnungen, Begrüßungen, Abschiede, Teamtage, gemeinsame Sprache. Gute Rituale verbinden. Schlechte Rituale wirken leer und erzeugen Zynismus.

Gemeinschaft braucht Symbole

Gruppen erkennen sich über Symbole.

Das können Kleidungsstücke sein, Farben, Logos, Musik, Sprache, Insider-Witze, gemeinsame Orte oder bestimmte Handlungen.

Symbole sagen: Wir gehören zusammen.

Ein Fußballtrikot ist mehr als Stoff. Ein Ehering ist mehr als Metall. Eine Uniform ist mehr als Kleidung. Ein Firmenlogo ist mehr als Grafik. Ein Familienfoto ist mehr als Papier.

Symbole verdichten Zugehörigkeit.

Deshalb reagieren Menschen stark, wenn Symbole angegriffen werden. Es geht dann selten nur um den Gegenstand. Es geht um Identität.

Moderne Ersatzrituale

Viele traditionelle Bindungen sind schwächer geworden. Familien leben weiter auseinander. Arbeitsplätze wechseln häufiger. Vereine verlieren Mitglieder. Religion hat für viele Menschen weniger Bedeutung. Nachbarschaften sind oft anonymer.

Gleichzeitig bleibt das Bedürfnis nach Zugehörigkeit.

Deshalb entstehen moderne Ersatzrituale:

- Online-Communitys
- Fangruppen
- Markenwelten
- Sportevents
- Festivals
- Social-Media-Trends
- Firmenkulturen
- Hobbygruppen
- Reisegemeinschaften

Diese können positiv sein. Sie können Halt geben, Freude machen und Menschen verbinden.

Sie können aber auch manipulativ werden. Wenn Unternehmen, Influencer oder politische Gruppen das Bedürfnis nach Zugehörigkeit ausnutzen, wird es gefährlich.

Der Mensch sucht Sinn. Deshalb ist er anfällig für einfache Geschichten.

Praxisbezug: Eigene Rituale bewusst gestalten

Man kann Rituale nicht nur übernehmen. Man kann sie bewusst schaffen.

Hilfreiche Fragen sind:

- Was gibt mir Ruhe?
- Welche Wiederholung tut mir gut?
- Welche Menschen geben mir Zugehörigkeit?
- Welche Geschichte erzähle ich über mein Leben?
- Welche Geschichte möchte ich nicht mehr weitererzählen?
- Welche kleinen Rituale könnten meinen Alltag stabilisieren?

Ein persönliches Ritual muss nicht groß sein. Es kann ein Spaziergang sein. Ein Wochenrückblick. Ein gemeinsames Essen. Eine feste Aufräumzeit. Ein Satz im Tagebuch. Ein bewusstes Ende des Arbeitstages.

Rituale sind kleine Anker in einer unruhigen Welt.

Merksatz

Der Mensch braucht nicht nur ein Dach über dem Kopf. Er braucht einen Platz in einer Geschichte.

KAPITEL 16: TEAMARBEIT UND KOOPERATION – WARUM WIR NUR GEMEINSAM STARK SIND

- Das Gesetz der Jagd: Wie das Überleben in der Savanne die erste „Abteilungsleitung“ erfand (Arbeitsteilung zwischen Spähern, Jägern und Sammlern).
- Die Dunbar-Zahl (Die magischen 150): Warum wir genetisch darauf programmiert sind, nur mit einer begrenzten Anzahl von Menschen echte Beziehungen zu pflegen – und warum Großkonzerne daran scheitern.
- Psychologische Sicherheit im Stamm: Warum Vertrauen und Zugehörigkeit keine modernen HR-Trends sind, sondern die absolute Basis für Höchstleistung und Kreativität.
- Die Biologie der Führung: Was einen „Alpha-Führer“ in der Steinzeit ausmachte (Schutz und Fairness) im Vergleich zu heutigen Hierarchien im Büro.
- Praxis-Bezug: Wie man moderne Teams nach dem Vorbild evolutionärer Erfolgsmodelle aufbaut (flache Hierarchien, maximale Transparenz und echte „Stammes-Kultur“).

Stell dir vor, du wirst ohne Werkzeuge, ohne Kleidung und völlig allein in der Wildnis ausgesetzt. Wie lange würdest du überleben? Vermutlich nicht sehr lange. Ein einsamer Homo sapiens ist in freier Natur ein extrem leichtes Ziel. Wir haben kein dickes Fell, keine messerscharfen Krallen und können nicht besonders schnell rennen.

Und dennoch beherrschen wir diesen Planeten. Warum? Weil unsere wahre biologische Superkraft nicht in unseren Muskeln liegt, sondern in unserer Fähigkeit, uns in Gruppen abzustimmen. Teamarbeit ist kein moderner Management-Trend, den sich findige Berater ausgedacht haben. Sie ist die Kernstrategie, die uns das Überleben gesichert hat.

Das Gesetz der Jagd: Wie die Savanne die erste Abteilungsleitung erfand

In der Urzeit hing der Erfolg einer Jagd vollständig von der Kooperation ab. Ein einzelner Jäger konnte ein Mammut oder eine Gazelle kaum erlegen. Es brauchte eine klare, flache Struktur und vor allem Arbeitsteilung:

- Die Späher: Sie lasen Fährten und scannten die Umgebung nach Gefahren ab.
- Die Treiber: Sie scheuchten die Beute in eine bestimmte Richtung.
- Die Jäger: Sie besaßen die Kraft und Präzision für den finalen Schritt.
-

Jeder im Stamm hatte eine spezifische Rolle, die auf seinen Stärken basierte. Es gab keinen Platz für Ego-Trips: Wenn der Späher log oder der Treiber eigenmächtig handelte, ging die gesamte Gruppe leer aus – oder schwebte in Lebensgefahr. Vertrauen und Verlässlichkeit waren harte Währung. Übertragen auf das moderne Büro bedeutet das: Silodenken und Ellenbogen-Mentalität innerhalb eines Teams widersprechen unserer tiefsten biologischen Natur und blockieren den gemeinsamen Erfolg.

Die Dunbar-Zahl: Warum Großkonzerne an den „magischen 150“ scheitern

Der britische Anthropologe Robin Dunbar fand heraus, dass es eine biologische Obergrenze für die Anzahl an Menschen gibt, mit denen ein Individuum eine stabile soziale Beziehung pflegen kann. Diese Zahl liegt bei etwa 150. Das ist genau die durchschnittliche Größe von steinzeitlichen Dörfern und Jäger-und-Sammler-Clans. Bis zu dieser Gruppengröße funktioniert die soziale Kontrolle ganz ohne dicke Regelbücher, HR-Richtlinien oder Zeiterfassung. Man kennt sich, man vertraut sich, und wer betrügt oder faulenzt, fliegt auf. Sobald Unternehmen diese Grenze überschreiten und Tausende Mitarbeiter in anonyme Strukturen pressen, passiert etwas Evolutionäres: Das Gefühl der persönlichen Verantwortung schwindet. Kollegen in anderen Abteilungen werden nicht mehr als „Stammesmitglieder“ wahrgenommen, sondern als Fremde oder gar als Rivalen. Das Gehirn schaltet auf Misstrauen um.

Psychologische Sicherheit: Der Schutzraum des Stammes

Ein moderner HR-Begriff, der derzeit durch die Führungsetagen geistert, ist die „psychologische Sicherheit“ – die Gewissheit, dass man im Team Fehler zugeben, Fragen stellen oder neue Ideen äußern kann, ohne dafür ausgelacht oder bestraft zu werden.

Aus evolutionärer Sicht ist das die absolute Grundvoraussetzung für Kreativität und Leistung. Wenn ein Steinzeitmensch Angst haben musste, bei einem Fehler sofort aus dem Stamm verstoßen zu werden, war er permanent im Stressmodus (Kapitel 3). Unter Stress schaltet das Gehirn auf Überleben und Routine um. Wer Angst hat, geht keine Risiken ein und erfindet nichts Neues. Erst wenn wir uns im Team biologisch „sicher“ fühlen, öffnet sich das Tor zu unserem kreativen, logischen Denkzentrum.

Praxis-Bezug: Moderne Teams nach dem Vorbild der Evolution bauen

Wie nutzen wir dieses Wissen im modernen Arbeitsalltag, um Teams erfolgreicher und harmonischer zu machen?

„Micro-Tribes“ (Mikro-Stämme) bilden: Große Abteilungen sollten in kleine, agile Zellen von maximal 5 bis 9 Personen aufgeteilt werden. In diesen überschaubaren Einheiten greift unsere evolutionäre Software für Vertrauen und direkte Kooperation am besten.

Gemeinsame „Jagderfolge“ feiern: Unser Gehirn braucht den Abschluss einer Aktion, um Dopamin auszuschütten. Ein endlos vor sich hinlaufendes Projekt deprimiert den inneren Steinzeitmenschen. Zerlegt große Jahresziele in kleine Meilensteine („wöchentliche Jagden“) und feiert das Erreichen dieser Zwischenziele ganz bewusst im Team.

Zugehörigkeit ritualisieren: Informelle Kaffeepausen oder das gemeinsame Mittagessen sind keine Zeitverschwendung, sondern das moderne Äquivalent zum gemeinsamen Sitzen am Lagerfeuer. Hier wird sozialer Kitt produziert, der das Team in Krisenzeiten zusammenhält.

Fazit für das nächste Kapitel: Wo Menschen eng zusammenarbeiten, bleibt Reibung nicht aus. In einer perfekten Jagdgruppe waren Konflikte brandgefährlich für das Überleben aller. Wie unsere Vorfahren Konflikte gelöst haben und warum wir uns im Büro manchmal wie verfeindete Stämme bekämpfen, erfährst du im nächsten Kapitel.

- Der Alpha-Mythos: Warum echte evolutionäre Führungskräfte keine rücksichtslosen Tyrannen waren, sondern diejenigen, die den Stamm beschützten und Ressourcen fair verteilten.
- Feedback als Überlebenssignal: Warum Ignoranz im Team für unser Gehirn schlimmer ist als Kritik (Evolutionäre Angst vor dem Versto-ßen-Werden).
- Das Problem mit dem „Sandwich-Feedback“: Warum unser limbisches System falsches Lob sofort als Täuschungsversuch wittert.
- Praxis-Bezug: Evolutionär gerechtes Feedback geben – ehrlich, direkt und auf Augenhöhe, um das psychologische Sicherheitsgefühl des „Stammesmitglieds“ zu wahren.

Montagvormittag, das jährliche Mitarbeitergespräch steht an. Dein Chef schaut auf seine Notizen, räuspert sich und sagt: „Ich würde Ihnen gerne Feedback zu Ihrem letzten Projekt geben.“ Obwohl du weißt, dass du gute Arbeit geleistet hast, rutscht dir in diesem Moment das Herz in die Hose. Deine Hände werden leicht feucht.

Warum löst das bloße Wort „Feedback“ bei den meisten von uns eine sofortige Abwehr- oder Angstreaktion aus? Und warum scheitern so viele moderne Führungskräfte daran, ihre Teams wirklich zu motivieren? Die Antwort liegt in der Art und Weise, wie Hierarchie und Kommunikation in unserer Evolution verankert wurden.

Der Alpha-Mythos: Wer war der wahre Steinzeit-Chef?

Wenn wir heute das Wort „Alpha-Tier“ hören, denken wir oft an rücksichtslose Manager, die mit Ellbogeneinsatz ihre Interessen durchsetzen, Druck ausüben und Schwäche bestrafen. In der Popkultur wird uns gerne eingeredet, dass die Evolution genau dieses Verhalten belohnt hat. Das ist jedoch ein fataler Irrtum.

In einer Jäger-und-Sammler-Gemeinschaft hatte ein egoistischer Tyrann eine extrem kurze Lebenserwartung. Da es keine staatliche Polizei oder formelle Gesetze gab, war die Macht des Anführers rein psychologischer Natur. Ein Anführer, der Nahrung für sich behielt, Frauen bedrängte oder den Stamm in sinnlose Gefahren stürzte, wurde sehr schnell abgesetzt – entweder ging die Gruppe heimlich in der Nacht weg und ließ ihn allein zurück, oder er erlitt bei der nächsten Jagd einen „bedauerlichen Unfall“.

Wahre evolutionäre Führung basierte auf zwei Säulen: Schutz und Fairness. Der Anführer war derjenige, der in Krisenzeiten die Ruhe bewahrte, Konflikte im Stamm schlichtete und dafür sorgte, dass die Ressourcen gerecht aufgeteilt wurden. Er führte nicht durch Angst, sondern durch geliehenes Vertrauen.

Feedback als Überlebenssignal: Warum Ignoranz schlimmer ist als Kritik

In der Urzeit war ständige Kommunikation über das eigene Verhalten überlebenswichtig. Feedback bedeutete damals schlicht: „Passt dein Verhalten noch zu den Regeln unseres Stammes?" Dabei gibt es ein faszinierendes Phänomen in unserem Gehirn: Wir reagieren auf soziale Ignoranz (wenn der Chef uns wochenlang keines Blickes würdigt oder unsere E-Mails ignoriert) biologisch oft gestresster als auf ein offenes, kritisches Gespräch. Warum? Weil Ignoranz in der Steinzeit die Vorstufe zur Ausgrenzung war. Wenn der Stamm aufhörte, mit dir zu interagieren, warst du so gut wie tot. Kein Feedback zu bekommen, signalisiert unserem Gehirn auch heute noch: Du bist in Gefahr, unsichtbar zu werden.

Das Problem mit der „Sandwich-Methode"

Um Kritik erträglicher zu machen, lernen Führungskräfte in Seminaren oft die sogenannte „Sandwich-Methode": Erst loben, dann die harte Kritik verpacken, und am Ende wieder etwas Positives sagen.

Aus evolutionsbiologischer Sicht ist diese Methode ein Desaster. Unser limbisches System ist ein hocheffizienter Lügendetektor. Wenn du mit einem künstlichen Lob einsteigst, merkt das Gehirn des Gegenübers sofort, dass hier etwas nicht stimmt. Die Amygdala schaltet auf Alarm. Das Ergebnis: Das positive Feedback wird als manipulative Masche entlarvt, und die eigentliche Kritik kommt gar nicht mehr im logischen Denkzentrum an, weil der Filter auf „Verteidigung" steht.

Praxis-Bezug: Evolutionär gerechte Führung und Feedback

Wie sieht also Führung und Kommunikation aus, die zu unserer biologischen Software passt?

Feedback auf Augenhöhe (Direkt und Ehrlich): Lass das „Sandwich" weg. Unser Gehirn schätzt Klarheit, weil Klarheit Sicherheit bedeutet. Wenn es etwas zu kritisieren gibt, sprich es direkt, aber sachlich und ohne Vorwürfe an. Sag klar, was das Problem ist und wie die Lösung aussieht. Das nimmt dem Gegenüber die evolutionäre Angst vor dem unberechenbaren Statusverlust. Führung durch „Dienst am Stamm": Wenn du ein Team leitest, verstehe dich nicht als Kontrolleur, sondern als Ermöglicher. Deine biologische Aufgabe ist es, den „Säbelzahntiger" (übertriebenen Druck von oben, bürokratische Hürden) vom Team fernzuhalten, damit die Mitarbeiter in psychologischer Sicherheit (Kapitel 6) ihre Arbeit tun können.

Echtes Lob öffentlich, Kritik im Vier-Augen-Gespräch: In der Steinzeit war der Status im Stamm alles. Wenn du einen Mitarbeiter vor versammelter Mannschaft kritisierst, ist das das moderne Äquivalent zu einer öffentlichen Demütigung auf dem Dorfplatz. Das Gehirn schaltet sofort auf maximalen Widerstand. Lob hingegen darf und sollte vor der Gruppe stattfinden, da es den Status des Einzelnen stärkt und das Bindungshormon Oxytocin im gesamten Team ausschüttet.

Fazit: Wenn Führung und Feedback stimmen, ist das Team bereit für Höchstleistungen. Doch die moderne Arbeitswelt konfrontiert uns täglich mit Problemen, die so abstrakt und vielschichtig sind, dass unser Steinzeitgehirn reihenweise kapituliert. Im nächsten Kapitel schauen wir uns an, wie wir komplexe Aufgaben bewältigen können, ohne mental auszubrennen.

- Futter, Territorium, Status: Warum Konflikte im Büro (z. B. um Budgets oder Anerkennung) dieselben Gehirnareale aktivieren wie der Kampf um das letzte Mammutstück.
- In-Group vs. Out-Group: Das „Wir gegen Die"-Denken. Warum sich Marketing und Vertrieb oder zwei verschiedene Abteilungen oft wie verfeindete Stämme bekämpfen.
- Klatsch und Tratsch als Friedensstifter: Warum Reden über Abwesende in der Evolution kein Makel war, sondern ein soziales Werkzeug, um Normen ohne Blutvergießen zu kontrollieren.
- Praxis-Bezug: Wie man moderne Konflikte entschärft, indem man die biologischen Trigger (Angst vor Statusverlust oder Ausgrenzung) erkennt und gezielt deeskaliert.

Du sitzt im wöchentlichen Meeting, und die Stimmung ist eisig. Die Abteilung Marketing fordert mehr Budget für die neue Kampagne, während der Vertrieb lautstark argumentiert, dass das Geld viel dringender in neue Vertriebskanäle fließen müsste. Was wie eine sachliche Budgetdiskussion beginnt, eskaliert schnell in persönliche Angriffe, Augenrollen und schnippische Bemerkungen. Nach dem Meeting ziehen sich beide Parteien in ihre Büros zurück und lästern über die jeweils andere Seite.

Willkommen im permanenten Territorialkampf der Moderne. Warum fällt es uns oft so schwer, im Job rein rational an Meinungsverschiedenheiten heranzugehen? Weil das Gehirn einen sachlichen Konflikt um Ressourcen im Büro haargenau so verarbeitet wie den Kampf zweier Urzeit-Clans um das letzte fruchtbare Jagdrevier.

Futter, Territorium, Status: Die biologischen Trigger im Büro

In der Evolution ging es beim Thema Konflikt selten um abstrakte Wahrheiten, sondern fast immer um handfeste Überlebensressourcen: Wer bekommt den besten Platz am Feuer? Wer darf zuerst vom erlegten Wild essen? Wer steigt in der Rangordnung auf?

Wenn heute im Meeting ein Kollege deine Idee vor versammelter Mannschaft als „nicht durchdacht“ bezeichnet, passiert in deinem Kopf Folgendes: Dein limbisches System meldet keinen sachlichen Dissens, sondern einen Angriff auf deinen Status. Und da Status in der Urzeit über Leben und Tod entschied (Kapitel 4), schaltet dein Körper sofort in den Verteidigungsmodus. Der Puls steigt, die Argumente werden emotionaler. Wir kämpfen nicht mehr um die beste Lösung für das Unternehmen, sondern um unser psychologisches Überleben.

In-Group vs. Out-Group: Das „Wir gegen Die"-Denken

Eine der tiefsten Prägungen des menschlichen Gehirns ist die Unterscheidung zwischen der eigenen Gruppe (In-Group) und allen Fremden (Out-Group). Für unsere Vorfahren war diese Einteilung überlebenswichtig. Die Mitglieder des eigenen Stammes bedeuteten Sicherheit, Nahrung und Schutz. Ein fremder Stamm am Horizont bedeutete potenziell Krieg, Krankheiten und den Verlust von Ressourcen.

Unser Gehirn hat deshalb einen eingebauten Automatismus:

- Mitglieder der eigenen Gruppe schreiben wir automatisch positive Eigenschaften zu (wir verzeihen ihnen Fehler eher).
- Mitglieder der fremden Gruppe betrachten wir von vornherein mit Misstrauen.
-

Im modernen Unternehmen führt das zum berüchtigten Silo-Denken. „Die aus der Buchhaltung", „die Entwickler im Keller" oder „das Management da oben" werden blitzschnell als feindliche Stämme (Out-Group) kategorisiert. Man kooperiert nicht mehr firmenweit, sondern verteidigt das eigene Territorium gegen die „Anderen".

Klatsch und Tratsch als Friedensstifter

Wir neigen dazu, Lästern und Flurfunk als unprofessionell oder toxisch zu betrachten. Aus evolutionärer Sicht war das sogenannte Gossip (Klatsch und Tratsch) jedoch eines der wichtigsten Werkzeuge zur Konfliktvermeidung überhaupt.

Der Anthropologe Robin Dunbar fand heraus, dass Klatsch beim Menschen die Funktion des gegenseitigen Lausens (Grooming) bei Affen übernommen hat. Da unsere Gruppen zu groß wurden, um jeden Einzelnen täglich physisch zu pflegen, fingen wir an zu reden.

Durch Klatsch und Tratsch tauschten unsere Vorfahren Informationen darüber aus, wer im Stamm verlässlich ist, wer betrügt und wer seine Versprechen hält. Es war ein hocheffizientes, unblutiges System, um soziale Normen durchzusetzen. Wer sich egoistisch verhielt, über den wurde geredet – und der drohende Reputationsverlust zwang denjenigen meistens dazu, sein Verhalten anzupassen, noch bevor es zu einem offenen, gewaltsamen Konflikt kam.

Praxis-Bezug: Wie man moderne Büro-Kriege entschärft

Wenn du verstehst, dass Konflikte oft auf der Angst vor Statusverlust oder dem „Wir gegen Die"-Denken basieren, kannst du sie gezielt deeskalieren: Den gemeinsamen „Super-Stamm" betonen: Um Silo-Denken aufzubrechen, reicht es nicht, an die Professionalität zu appellieren. Du musst ein gemeinsames, übergeordnetes Ziel definieren – einen gemeinsamen „Feind" (z. B. den härtesten Konkurrenten am Markt) oder eine gemeinsame Mission. Wenn Marketing und Vertrieb merken, dass sie im selben Boot gegen denselben „Säbelzahntiger" kämpfen, verschmelzen sie biologisch zu einem Stamm.

Den Status des Gegenübers wahren: Wenn du eine Idee kritisieren musst, trenne die Sache strikt von der Person. Beginne mit einer Wertschätzung für den Einsatz des Kollegen, bevor du den sachlichen Fehler ansprichst. Das signalisiert der Amygdala des anderen: „Dein Status im Stamm ist nicht in Gefahr, du musst nicht kämpfen."

Tratsch positiv nutzen: Versuche nicht, den Flurfunk komplett zu verbieten – das funktioniert biologisch ohnehin nicht. Nutze ihn stattdessen als Sensor. Wenn viel gelästert wird, ist das oft ein Zeichen dafür, dass es an Transparenz und psychologischer Sicherheit fehlt. Sorge für klare Fakten, um den Gerüchten den evolutionären Nährboden zu entziehen.

Fazit: Um Konflikte gar nicht erst eskalieren zu lassen, braucht ein Stamm zwei Dinge: Eine klare, faire Führung und ein Kommunikationssystem, das Fehler korrigiert, ohne den Zusammenhalt zu gefährden. Damit sind wir beim nächsten logischen Schritt: Führung und dem biologisch artgerechten Feedback.

- Das Teammeeting als modernes Lagerfeuer
- Zoom-Meetings und die visuelle Überforderung unseres Gehirns
- Präsenzpflicht und Homeoffice: Das Dilemma von Territorium und Freiheit
- Flexible Arbeitszeit: Zurück zum Rhythmus der Jäger und Sammler
- Desk-Sharing vs. Handtuch-Krieg: Revierverhalten am Arbeitsplatz
- Das Alpha-Gehabe in Meetings
- Praxis-Bezug: Arbeitsumgebungen biologiefreundlicher gestalten

Warum Büro, Homeoffice und Meetings tiefer wirken, als wir denken

Ein Arbeitsplatz ist nie nur ein Arbeitsplatz.

Auf dem Papier ist er ein Ort, an dem Aufgaben erledigt, Ziele erreicht, Prozesse bearbeitet und Ergebnisse geliefert werden. Ein Schreibtisch, ein Laptop, ein Stuhl, ein Besprechungsraum, ein Kalender voller Termine. Sachlich betrachtet scheint das alles nüchtern und funktional.

Doch unser Gehirn sieht mehr.

Für das alte soziale Gehirn ist der Arbeitsplatz auch ein Revier. Ein Ort von Zugehörigkeit, Rangordnung, Sicherheit, Kontrolle, Einfluss und Sichtbarkeit. Hier entscheidet sich, wer gehört wird, wer dazugehört, wer übergangen wird, wer wichtig erscheint und wer am Rand steht.

Deshalb reagieren Menschen auf Veränderungen am Arbeitsplatz oft stärker, als es rein sachlich erklärbar wäre.

Ein neuer Sitzplatz. Ein abgeschafftes Einzelbüro. Ein verpflichtender Präsenztag. Ein chaotisches Großraumbüro. Ein Meeting, in dem jemand ständig dominiert. Eine Kamera, die bei Zoom eingeschaltet sein soll. Ein Chef, der Homeoffice misstraut. Ein Team, das sich nur noch digital begegnet.

All das sind nicht nur organisatorische Fragen. Für unser Nervensystem berühren sie uralte Themen:

- Habe ich hier einen sicheren Platz?
- Werde ich gesehen?
- Habe ich Kontrolle?
- Gehöre ich dazu?
- Muss ich mich verteidigen?
- Verliere ich Status?
- Darf ich frei arbeiten?
- Wer bestimmt hier die Regeln?

Der moderne Arbeitsplatz ist also mehr als ein Ort der Produktivität. Er ist eine soziale Landschaft.

Und in dieser Landschaft bewegt sich noch immer ein sehr altes Gehirn.

Das Teammeeting als modernes Lagerfeuer

Das Lagerfeuer war vermutlich einer der wichtigsten Orte früher Gemeinschaft. Dort wurde gegessen, erzählt, geplant, gewarnt, gestritten, gelacht und entschieden. Die Gruppe kam zusammen. Man sah die Gesichter der anderen. Man hörte Stimmen, spürte Stimmungen und sortierte sich sozial ein.

Das moderne Teammeeting erfüllt eine ähnliche Funktion.

Natürlich geht es offiziell um Aufgaben, Zahlen, Projekte, Zuständigkeiten und Entscheidungen. Aber darunter passiert viel mehr. Menschen prüfen unbewusst:

- Wer spricht zuerst?
- Wem wird zugehört?
- Wer unterbricht wen?
- Wer bekommt Zustimmung?
- Wer bleibt still?
- Wer wird übergangen?
- Wer bringt schlechte Nachrichten?
- Wer schützt wen?
- Wer hat Einfluss?

Ein Meeting ist deshalb nicht nur Informationsaustausch. Es ist auch Rangordnungspflege.

Das erklärt, warum Meetings so anstrengend sein können. Das Gehirn muss nicht nur Inhalte verarbeiten, sondern auch soziale Signale. Tonfall, Mimik, Blickkontakt, Sitzordnung, Reaktionen, Pausen, Zustimmung und Ablehnung werden ständig mitgelesen.

Ein gutes Meeting gibt Orientierung. Ein schlechtes Meeting erzeugt Unsicherheit.

Wenn ein Teammeeting gut geführt ist, kann es wie ein modernes Lagerfeuer wirken: Die Gruppe sammelt sich, teilt Informationen, erkennt Probleme, stärkt Zugehörigkeit und geht mit mehr Klarheit auseinander.

Wenn es schlecht geführt ist, wird es zur Bühne für Dominanz, Unsicherheit, Rechtfertigung und verdeckte Konflikte.

Dann verlassen Menschen das Meeting nicht gestärkt, sondern erschöpft.

Warum wir Meetings oft falsch verstehen

Viele Organisationen behandeln Meetings als reine Arbeitsform. Man setzt einen Termin an, lädt Menschen ein, bespricht Themen und erwartet Ergebnisse.

Aber ein Meeting ist auch ein biologischer Raum.

Menschen brauchen dort:

- Sicherheit
- klare Struktur
- Redeordnung
- sichtbaren Sinn
- fair verteilte Aufmerksamkeit
- echte Entscheidungskraft
- Schutz vor Bloßstellung

Fehlt das, entsteht Stress.

Besonders problematisch sind Meetings, in denen unklar ist, worum es eigentlich geht. Das Gehirn hasst unklare soziale Situationen. Wenn niemand weiß, ob diskutiert, entschieden, informiert oder kontrolliert wird, steigt innere Anspannung.

Noch schlimmer wird es, wenn Menschen öffentlich kritisiert, vorgeführt oder ignoriert werden. Für das soziale Gehirn kann das wie ein kleiner Ausschluss aus der Gruppe wirken.

Ein Satz wie „Das hätten Sie aber wissen müssen" ist vielleicht sachlich gemeint. Im Nervensystem des Empfängers kann er wie ein Statusangriff landen.

Deshalb ist Meetingkultur nicht weich oder nebensächlich. Sie entscheidet darüber, ob ein Team klüger wird oder sich gegenseitig in Schutzreaktionen treibt.

Zoom-Meetings und die visuelle Überforderung unseres Gehirns

Digitale Meetings wirken praktisch. Man spart Wege, kann von überall teilnehmen und sieht alle Gesichter auf dem Bildschirm. Doch genau das kann unser Gehirn überfordern.

In einem echten Raum sehen wir Menschen natürlich verteilt. Manche sitzen näher, andere weiter weg. Wir schauen nicht permanent alle gleichzeitig an. Blickkontakt entsteht kurz und löst sich wieder. Der Körper bekommt räumliche Orientierung.

Im Zoom-Meeting ist das anders.

Viele Gesichter erscheinen gleichzeitig, oft gleich groß, frontal und nah. Das Gehirn versucht, alle Mimiksignale gleichzeitig zu lesen. Es sieht sich vielleicht sogar selbst im Bild. Es registriert kleine Verzögerungen, unnatürliche Blickrichtungen, eingefrorene Gesichter und technische Störungen.

Was sachlich nur ein Videotermin ist, kann für das soziale Gehirn eine Dauerprüfung werden.

Bin ich sichtbar? Schaue ich komisch? Merkt man, dass ich abgelenkt bin? Warum schaut die Kollegin so? Habe ich zu lange gesprochen? Muss ich die ganze Zeit aufmerksam aussehen?

Im normalen Gespräch dürfen Augen wandern. Im Videomeeting wirkt Wegschauen schnell wie Desinteresse. Dadurch entsteht eine künstliche Daueraufmerksamkeit.

Das ermüdet.

Hinzu kommt: Der Körper sitzt still, während das Gehirn soziale Höchstleistung bringt. Früher war soziale Kommunikation körperlicher. Man stand, ging, zeigte, bewegte sich, wechselte Blickrichtungen. Im digitalen Meeting ist der Körper eingefroren, aber das Gehirn scannt weiter.

Das Ergebnis ist häufig eine besondere Form der Erschöpfung: Man hat scheinbar „nur gesessen", fühlt sich aber sozial und geistig ausgelaugt.

Die Kamera als Status- und Kontrollsignal

Ob die Kamera im Videomeeting eingeschaltet sein soll, ist nicht nur eine technische Frage.

Für manche bedeutet Kamera: Nähe, Vertrauen, Präsenz, Verbindung.

Für andere bedeutet Kamera: Kontrolle, Beobachtung, Druck, Selbstüberwachung.

Beides kann stimmen.

Eine eingeschaltete Kamera kann helfen, Beziehung aufzubauen. Sie kann aber auch erschöpfen, besonders wenn viele Termine aufeinanderfolgen oder Menschen sich permanent selbst sehen.

Das eigene Bild auf dem Bildschirm ist ein unnatürlicher Reiz. Im echten Gespräch sehen wir uns nicht ständig selbst beim Sprechen. Im Videomeeting schon. Dadurch wird ein Teil der Aufmerksamkeit nach innen gezogen: Wie wirke ich? Sitze ich richtig? Schaue ich müde aus?

Das kann soziale Unsicherheit verstärken.

Biologiefreundlicher wäre eine differenzierte Kultur:

- Kamera an, wenn Beziehung, Kennenlernen oder wichtige Abstimmung im Vordergrund stehen
- Kamera optional, wenn es um reine Information geht
- Pausen zwischen Videoterminen
- klare Gesprächsführung
- weniger Teilnehmer, wenn möglich
- keine Kamera als Misstrauenssignal

Ein digitales Lagerfeuer darf nicht zur Überwachungskamera werden.

Präsenzpflicht und Homeoffice: Das Dilemma von Territorium und Freiheit

Die Debatte um Homeoffice und Präsenzpflicht wird oft sachlich geführt. Produktivität, Kontrolle, Teamgefühl, Erreichbarkeit, Kosten, Pendelzeiten, Führungskultur.

Doch darunter liegt ein tieferes Thema: Territorium und Freiheit.

Für viele Führungskräfte bedeutet Präsenz Sicherheit. Sie sehen ihre Mitarbeiter. Sie spüren, wer da ist. Sie können spontan fragen, beobachten, eingreifen. Das Büro wird zum sichtbaren Stammesterritorium. Wer anwesend ist, gehört dazu. Wer fehlt, entzieht sich dem Blickfeld.

Für viele Mitarbeiter bedeutet Homeoffice dagegen Autonomie. Sie können konzentrierter arbeiten, ihren Tag besser einteilen, Wege sparen und ihre Umgebung selbst gestalten. Das eigene Zuhause wird zum geschützten Arbeitsraum.

So entsteht ein biologisches Missverständnis.

Die eine Seite sucht Sicherheit durch Sichtbarkeit.
Die andere sucht Sicherheit durch Kontrolle über die eigene Umgebung.

Beide sprechen über Arbeit. Beide meinen auch Nervensystem.

Präsenzpflicht kann deshalb schnell als Misstrauen erlebt werden. Nicht nur als organisatorische Regel, sondern als Botschaft: „Wir glauben nicht, dass du arbeitest, wenn wir dich nicht sehen."

Umgekehrt kann dauerhaftes Homeoffice bei manchen Menschen Zugehörigkeit schwächen. Wer nie im gemeinsamen Raum ist, verliert informelle Signale. Man bekommt weniger mit. Man wird vielleicht seltener spontan einbezogen. Der digitale Stamm kann dünner werden.

Die beste Lösung liegt selten im Extrem. Weder totale Kontrolle noch vollständige Vereinzelung ist für alle ideal.

Das Büro als gemeinsames Revier

Ein Büro ist ein sozialer Ort. Menschen sehen dort nicht nur Aufgaben, sondern Zugehörigkeit.

Der eigene Arbeitsplatz kann ein Stück Identität werden. Fotos, Tasse, Notizen, Pflanzen, Ordnungssysteme, Bildschirmhöhe, Stuhl, Schublade – all das sagt: Hier bin ich. Hier habe ich meinen Platz.

Wenn dieser Platz verschwindet, kann das mehr auslösen als Unbequemlichkeit.

Wer sein Büro verliert, verliert manchmal gefühlt auch Status. Wer plötzlich irgendwo sitzen soll, fühlt sich vielleicht austauschbarer. Wer morgens erst einen freien Platz suchen muss, beginnt den Tag bereits mit einer kleinen Revierverhandlung.

Das ist besonders beim Desk-Sharing wichtig.

Desk-Sharing vs. Handtuch-Krieg: Revierverhalten am Arbeitsplatz

Desk-Sharing klingt modern, effizient und flexibel. Weniger feste Arbeitsplätze, bessere Flächennutzung, mehr Beweglichkeit. Das kann sinnvoll sein. Aber es kollidiert leicht mit einem alten Bedürfnis: dem Bedürfnis nach einem sicheren Platz.

Menschen markieren Reviere. Manchmal offen, manchmal subtil.

Im Urlaub wird die Liege mit dem Handtuch reserviert. Im Büro liegt die Jacke auf dem Stuhl. Die Lieblingstasse bleibt am Platz. Ein Stapel Unterlagen signalisiert: besetzt. Selbst in offenen Arbeitswelten entstehen schnell inoffizielle Stammplätze. Das ist nicht einfach kindisch. Es ist Revierverhalten.

Ein fester Platz reduziert Entscheidungsaufwand. Er gibt Orientierung. Er vermittelt Zugehörigkeit. Das Gehirn muss nicht jeden Morgen neu klären: Wo darf ich hin? Wer sitzt wo? Bin ich willkommen? Muss ich kämpfen?

Desk-Sharing kann funktionieren, wenn es gut gestaltet ist. Es scheitert oft, wenn nur die Fläche optimiert wird und das Nervensystem vergessen wird.

Biologiefreundliches Desk-Sharing braucht:

- klare Regeln
- ausreichend Plätze
- gute technische Ausstattung
- persönliche Aufbewahrungsmöglichkeiten
- Rückzugsorte
- Teamzonen
- transparente Kommunikation
- keine versteckte Statusabwertung

Wenn Menschen das Gefühl haben, ihr Platz werde ihnen genommen, reagieren sie nicht auf Möbel. Sie reagieren auf Kontrollverlust.

Flexible Arbeitszeit: Zurück zum Rhythmus der Jäger und Sammler

Der klassische Arbeitstag wirkt selbstverständlich: morgens beginnen, nachmittags enden, dazwischen Pausen und feste Strukturen. Aber biologisch sind Menschen unterschiedlich.

Es gibt Frühaufsteher, Spätaktive, Menschen mit hoher Konzentration am Vormittag, andere mit produktiven Phasen am Nachmittag. Auch Energie verläuft nicht linear. Aufmerksamkeit schwankt.

Frühere Lebensformen waren vermutlich nicht so starr getaktet wie moderne Bürozeiten. Aufgaben richteten sich stärker nach Licht, Wetter, Jahreszeit, Gruppe, Gefahr, Nahrung und Notwendigkeit. Es gab Anspannung und Erholung, Suche und Ruhe, intensive Phasen und Leerlauf.

Der moderne Acht-Stunden-Block am Bildschirm passt dazu nur bedingt.

Flexible Arbeitszeit kann deshalb biologisch sinnvoll sein. Sie erlaubt Menschen, besser mit ihrem eigenen Rhythmus zu arbeiten. Wer konzentrierte Aufgaben in seine stärkste Tagesphase legt, arbeitet oft besser. Wer kurze Pausen einbaut, verhindert Erschöpfung. Wer Wegezeiten reduziert, spart Stress.

Aber Flexibilität braucht Verantwortung und klare Absprachen. Sonst wird aus Freiheit neue Unsicherheit.

Wenn niemand weiß, wann wer erreichbar ist, entsteht Chaos. Wenn flexible Arbeit bedeutet, immer erreichbar zu sein, wird sie zur Falle.

Biologiefreundliche Flexibilität heißt nicht: grenzenlos arbeiten.

Sie heißt: Arbeit so organisieren, dass Leistung, Erholung und Verlässlichkeit zusammenpassen.

Das Alpha-Gehabe in Meetings

Kaum irgendwo zeigt sich Statusverhalten so deutlich wie in Meetings.

Manche Menschen nehmen viel Raum ein. Sie sprechen lange. Sie unterbrechen. Sie lehnen sich breit zurück. Sie wiederholen Ideen anderer und verkaufen sie als eigene. Sie korrigieren öffentlich. Sie benutzen Fachsprache als Machtsignal. Sie sprechen lauter, obwohl sie nicht mehr zu sagen haben.

Das ist modernes Alpha-Gehabe.

Der Begriff „Alpha" wird oft missverstanden. In der Popkultur steht er für Dominanz, Härte und Durchsetzung. In funktionierenden menschlichen Gruppen ist reine Dominanz aber selten die beste Führungsqualität. Menschen folgen langfristig eher denen, die Kompetenz, Schutz, Fairness und Orientierung bieten.

Das laute Tier ist nicht automatisch das kluge Tier.

Im Meeting kann Dominanz kurzfristig wirken. Wer viel spricht, erscheint wichtig. Wer andere unterbricht, setzt sich durch. Wer selbstsicher auftritt, wird manchmal für kompetenter gehalten.

Aber Dominanz hat Kosten.

Sie reduziert Widerspruch. Sie macht andere vorsichtig. Sie verschlechtert Informationsfluss. Sie verhindert, dass leisere, aber kluge Stimmen gehört werden. Ein Team, das sich ständig nach Rang ordnet, nutzt sein Wissen schlechter.

Besonders gefährlich ist Alpha-Gehabe, wenn Führung es belohnt. Dann lernen alle: Sichtbarkeit zählt mehr als Substanz. Lautstärke zählt mehr als Qualität. Angriff zählt mehr als Denken.

Eine gute Meetingkultur schützt das Team vor solchen Mustern.

Warum leise Menschen oft unterschätzt werden

In vielen Arbeitsumgebungen wird Reden mit Leistung verwechselt.

Wer schnell antwortet, wirkt kompetent. Wer viel spricht, wirkt engagiert. Wer sich selbstbewusst präsentiert, wirkt führungsstark.

Doch Denken braucht manchmal Zeit. Gute Beobachter sind nicht immer laut. Fachliche Tiefe zeigt sich nicht immer in spontanen Wortbeiträgen.

Ein evolutionäres Problem liegt darin, dass sichtbares Verhalten stärker wahrgenommen wird als unsichtbare Leistung. Das Gehirn registriert Präsenz, Stimme, Haltung und Raumverhalten. Dadurch können stille Menschen unterschätzt werden.

Biologiefreundliche Führung achtet deshalb nicht nur auf die Lauten. Sie schafft Strukturen, in denen unterschiedliche Arbeits- und Kommunikationstypen beitragen können.

Zum Beispiel:

- schriftliche Vorbereitung
- klare Redeanteile
- kurze Denkzeiten
- gezieltes Einholen von Meinungen
- kleinere Gruppen
- anonyme Ideensammlung
- Entscheidungen nicht nur nach spontaner Dominanz

So wird das Team klüger, weil mehr Gehirne wirklich genutzt werden.

Praxisbezug: Arbeitsumgebungen biologiefreundlicher gestalten

Der Arbeitsplatz der Zukunft sollte nicht nur technisch effizient sein. Er sollte menschengerecht sein.

Das bedeutet nicht, dass jede Person immer alles bekommt, was sie möchte. Aber es bedeutet, dass Organisationen verstehen sollten, welche biologischen Grundbedürfnisse am Arbeitsplatz wirken.

Menschen brauchen:

- Zugehörigkeit
- Sicherheit
- Autonomie
- Orientierung
- Rückzug
- faire Statussignale
- klare Kommunikation
- sinnvolle Meetings
- echte Pausen
- Einfluss auf die eigene Arbeitsweise

Ein biologiefreundlicher Arbeitsplatz fragt nicht nur: „Wie holen wir maximale Leistung heraus?"

Er fragt auch: „Welche Umgebung macht gute Leistung überhaupt wahrscheinlich?"

Konkrete Maßnahmen für Meetings

Meetings werden besser, wenn sie klarer werden.

Hilfreich sind:

- ein klarer Zweck: Information, Diskussion oder Entscheidung
- eine feste Moderation
- begrenzte Teilnehmerzahl
- klare Redezeiten
- keine öffentlichen Demütigungen
- aktive Einbindung stillerer Personen
- sichtbare Entscheidungen
- kurze Zusammenfassungen
- weniger Statusbühne, mehr Arbeitsraum

Ein Meeting sollte nicht beweisen, wer wichtig ist. Es sollte helfen, dass die Gruppe klüger handelt.

Konkrete Maßnahmen für digitale Arbeit

Digitale Arbeit wird leichter, wenn sie weniger Daueranspannung erzeugt.

Hilfreich sind:

- Kamera nicht pauschal erzwingen
- Pausen zwischen Videoterminen
- weniger parallele Chats
- klare Antwortzeiten
- Fokuszeiten ohne Störung
- schriftliche Zusammenfassungen
- digitale Regeln für Erreichbarkeit
- bewusste soziale Momente statt Dauermeetings

Nicht jede Kommunikation braucht ein Videomeeting. Manchmal reicht eine klare Nachricht. Manchmal ist ein Telefonat besser. Manchmal braucht es echte Begegnung.

Die Form sollte zur Aufgabe passen, nicht zur Gewohnheit.

Konkrete Maßnahmen für Räume

Räume beeinflussen Verhalten.

Ein gutes Arbeitsumfeld bietet verschiedene Zonen:

- ruhige Plätze für Konzentration
- gemeinsame Bereiche für Austausch
- Rückzugsräume für vertrauliche Gespräche
- gut ausgestattete Videoplätze
- persönliche Aufbewahrung
- erkennbare Teamzugehörigkeit
- angenehmes Licht
- Bewegungsmöglichkeiten
- klare Regeln für Desk-Sharing

Der Raum spricht mit dem Nervensystem. Entweder sagt er: „Du hast hier einen Platz." Oder er sagt: „Such dir jeden Tag neu, wo du hingehörst."

Konkrete Maßnahmen für Homeoffice und Präsenz

Homeoffice und Präsenz müssen nicht Gegner sein.

Sinnvoll ist eine klare Frage: Wofür brauchen wir Anwesenheit wirklich?

Gute Gründe für Präsenz können sein:

- Beziehung aufbauen
- schwierige Themen klären
- kreativ zusammenarbeiten
- neue Mitarbeiter einbinden
- Vertrauen stärken
- gemeinsame Rituale pflegen

Gute Gründe für Homeoffice können sein:

- konzentrierte Arbeit
- weniger Pendelstress
- bessere Vereinbarkeit
- mehr Autonomie
- ruhigeres Arbeiten
- individuelle Leistungsrhythmen

Eine reife Arbeitskultur verwechselt Anwesenheit nicht automatisch mit Leistung. Sie misst Ergebnisse, Kommunikation und Verlässlichkeit.

Der moderne Arbeitsplatz als Stammeslandschaft

Wenn man den Arbeitsplatz evolutionär betrachtet, wird vieles verständlicher.

Desk-Sharing ist nicht nur Flächenmanagement. Es berührt Revierverhalten.

Homeoffice ist nicht nur Bequemlichkeit. Es berührt Autonomie und Sicherheit.

Präsenzpflicht ist nicht nur Organisation. Sie berührt Kontrolle und Vertrauen.

Meetings sind nicht nur Termine. Sie sind soziale Bühnen.

Zoom ist nicht nur Technik. Es ist ein künstlicher Blickkontakt-Raum.

Alpha-Gehabe ist nicht nur Persönlichkeit. Es ist Statusverhalten.

Wer das versteht, kann Arbeitsumgebungen besser gestalten. Nicht romantisch, sondern realistischer.

Der Mensch bringt seinen Körper, sein Nervensystem und sein Stammesgehirn mit zur Arbeit. Auch dann, wenn er im Anzug sitzt, eine PowerPoint öffnet und über Quartalszahlen spricht.

Merksatz

Der moderne Arbeitsplatz ist kein neutraler Raum. Er ist ein Revier aus Zugehörigkeit, Status, Sicherheit und Freiheit.

- Warum Scrum und Kanban unserer biologischen Werkseinstellung ähneln
- Kurze Zyklen statt endloser Fünfjahrespläne
- Sichtbare Arbeit beruhigt das Gehirn
- Warum Veränderung Widerstand auslöst
- Arbeitsschutzgesetze als künstlicher Schutzwall für den Steinzeitkörper
- Work-Life-Balance und Urlaub: Die Rückkehr in den Normalzustand
- Praxis-Bezug: Veränderung gehirngerecht organisieren

In den letzten Jahren ist ein wahres Hype-Wort durch die Büros dieser Welt gejagt: Agilität. Unternehmen führen Frameworks wie Scrum ein, kleben bunte Post-its an Kanban-Boards und treffen sich zu „Daily Stand-ups". Was oft wie ein moderner Geniestreich von Silicon-Valley-Gurus verkauft wird, ist aus evolutionsbiologischer Sicht etwas völlig anderes: Es ist die feierliche Rückkehr zu unserer biologischen Werkseinstellung.

Die starre, hierarchische Struktur, wie wir sie aus dem klassischen Management des 20. Jahrhunderts kennen (Wasserfall-Modelle, starre Organigramme, strikte Top-Down-Befehle), orientiert sich am Militär und der industriellen Fließbandarbeit. Für unser Steinzeitgehirn ist diese Art zu arbeiten jedoch ein völlig unnatürliches Korsett. In der Savanne wäre ein Stamm, der erst einen Fünfjahresplan genehmigen lassen muss, bevor er auf eine plötzliche Dürre oder eine neue Raubtierart reagiert, schlicht verhungert.

Überleben bedeutete damals wie heute: Flexibilität, schnelle Feedbackschleifen und kollektive Intelligenz. Wenn wir agil arbeiten, tun wir im Grunde genau das, was uns als Spezies großgemacht hat:

- Der „Sprint“ als überschaubare Jagd: Wie wir noch in Kapitel 9 sehen werden, hasst das menschliche Gehirn unüberschaubare Zeiträume und abstrakte Mammutprojekte. Ein agiler „Sprint“ von zwei bis drei Wochen entspricht exakt der mentalen Reichweite unseres Urzeit-Verstandes. Das Ziel ist greifbar, der Erfolg messbar, und das Belohnungssystem wird regelmäßig mit Dopamin gefüttert.
- Das Daily Stand-up als Morgen-Meeting am Lagerfeuer: Das kurze, tägliche Treffen im Stehen ist das moderne Äquivalent zur morgendlichen Lagebesprechung des Stammes vor der Jagd: Wer hat was gesehen? Wo lauern Gefahren? Wer braucht heute Unterstützung? Dass dieses Meeting im Stehen stattfindet, hält es instinktiv kurz, fokussiert und handlungsorientiert. In der Urzeit hatte niemand Zeit für stundenlange PowerPoint-Schlachten im Sitzen, wenn der Magen knurrte.
- Die Retrospektive als evolutionäres Lernen: Nach der Jagd saß der Stamm zusammen. Wenn das Beutetier entkommen war, wurde analysiert, warum. Das ist die agile Retrospektive. Wichtig dabei: In einem gesunden Stamm wurden Fehler nicht bestraft (da man jeden einzelnen Jäger brauchte), sondern als kollektives Wissen gespeichert, um die Taktik beim nächsten Mal anzupassen (Inspect and Adapt).

Fazit für die Praxis: Wenn dein Unternehmen versucht, agiler zu werden, betrachte es nicht als lästige neue Methode, die du lernen musst. Nutze es als Chance, so zu arbeiten, wie es die Natur für dich vorgesehen hat: in einer kleinen, eingeschworenen Jagdgemeinschaft, die flexibel auf Veränderungen reagiert und gemeinsam Erfolge feiert.

Teil VI: Lernen, Gewohnheiten und Veränderung

KAPITEL 21: LERNEN WIE EIN STEINZEITGEHIRN

- Warum unser Gehirn nicht für reinen Frontalunterricht gebaut wurde
- Lernen durch Nachahmung, Spiel und Erfahrung
- Warum Fehler sozial gefährlich wirken können
- Belohnung, Dopamin und Motivation
- Kleine Erfolgserlebnisse statt großer Überforderung
- Praxis-Bezug: Kurse, Weiterbildung und Lernplattformen evolutionär sinnvoll gestalten

Warum wir nicht für Frontalunterricht allein gemacht sind

Lernen ist älter als Schule.

Schon lange bevor es Klassenzimmer, Lehrpläne, Prüfungen und Präsentationen gab, mussten Menschen lernen. Sie mussten wissen, welche Pflanzen essbar waren, wie man Werkzeuge benutzt, wie man Spuren liest, wie man Feuer macht, wie man Gefahren erkennt und wie man sich in der Gruppe verhält.

Dieses Lernen geschah nicht durch endlose Theorie. Es geschah durch Zuschauen, Nachmachen, Ausprobieren, Scheitern, Korrigieren und Wiederholen.

Das Gehirn ist deshalb kein leerer Datenspeicher. Es ist ein Erfahrungsorgan.

Es lernt besonders gut, wenn etwas relevant, anschaulich, emotional bedeutsam, wiederholbar und sozial sicher ist.

Lernen durch Nachahmung

Menschen lernen stark durch Beobachtung.

Ein Kind schaut nicht nur, was Erwachsene sagen. Es schaut, was sie tun. Es erkennt Muster, kopiert Verhalten und testet, was funktioniert.

Auch Erwachsene lernen so. In Unternehmen, Kursen und Teams ist Vormachen oft stärker als Erklären.

Man kann lange über gute Kommunikation sprechen. Aber wenn Führungskräfte selbst nicht zuhören, lernt das Team etwas anderes.

Man kann Schulungen über Kundenfreundlichkeit halten. Aber wenn im Alltag genervt reagiert wird, übernimmt das Gehirn die gelebte Regel.

Das Gehirn glaubt Verhalten mehr als Folien.

Fehler müssen sicher sein

Fehler sind wichtig für Lernen. Aber Fehler fühlen sich nicht immer sicher an.

Evolutionär konnte ein Fehler gefährlich sein. Wer in einer Gruppe versagte, konnte Ansehen verlieren. Wer bei einer Aufgabe ungeschickt war, gefährdete vielleicht andere. Wer ausgelacht wurde, verlor Status.

Deshalb reagieren viele Menschen auf Fehler mit Scham, Rückzug oder Verteidigung.

In modernen Lernumgebungen ist das ein großes Problem. Wenn Menschen Angst haben, dumm zu wirken, lernen sie schlechter. Sie stellen weniger Fragen. Sie probieren weniger aus. Sie verstecken Unsicherheit. Sie tun so, als hätten sie verstanden.

Gutes Lernen braucht deshalb psychologische Sicherheit.

Das bedeutet nicht, dass alles beliebig ist. Es bedeutet, dass Fehler als Teil des Lernens behandelt werden und nicht als Beweis für Unfähigkeit.

Dopamin und sichtbarer Fortschritt

Das Gehirn liebt Fortschritt. Besonders dann, wenn er sichtbar ist.

Ein riesiges Ziel kann lähmen. Ein kleiner nächster Schritt kann motivieren.

Deshalb funktionieren kurze Lerneinheiten oft besser als überladene Informationsblöcke. Das Gehirn braucht Erfolgssignale:

- Ich habe etwas verstanden.
- Ich kann etwas anwenden.
- Ich bin einen Schritt weiter.
- Ich bekomme Rückmeldung.
- Es lohnt sich.

Diese kleinen Erfolgssignale aktivieren Motivation.

Ein gutes Lernsystem macht Fortschritt sichtbar. Es zeigt nicht nur, was noch fehlt, sondern auch, was schon gelingt.

Lernen braucht Bedeutung

Information ohne Bedeutung wird schwer gespeichert.

Das Gehirn fragt immer: Ist das wichtig für mich?

Wenn ein Lerninhalt keinen Bezug zum Leben hat, bleibt er abstrakt. Wenn er mit einer echten Situation verbunden wird, wird er greifbar.

Deshalb sind Beispiele so wichtig. Geschichten. Übungen. Praxisfälle. Bilder. Wiederholung im echten Kontext.

Wer Excel lernt, lernt besser an einer echten Tabelle als an einer abstrakten Funktionsliste. Wer Kommunikation lernt, lernt besser an echten Gesprächssituationen. Wer Führung lernt, lernt besser durch Reflexion echter Konflikte.

Das Gehirn speichert nicht nur Wissen. Es speichert Bedeutung.

Überforderung blockiert Neugier

Zu viel Neues auf einmal überfordert.

Wenn die Informationsmenge zu groß wird, schaltet das Gehirn in Schutzmodus. Dann geht es nicht mehr um Neugier, sondern um Schadensbegrenzung.

Menschen hören dann nicht auf zu lernen, weil sie faul sind. Sie hören auf, weil ihr System überlastet ist.

Das sieht man in vielen Schulungen: Zu viele Folien. Zu viele Begriffe. Zu schnelles Tempo. Zu wenig Übung. Am Ende sind die Teilnehmer erschöpft, aber nicht handlungsfähiger.

Evolutionär sinnvolles Lernen dosiert Komplexität.

Erst ein Grundmuster. Dann Wiederholung. Dann Variation. Dann Anwendung.

Praxisbezug: Kurse und Weiterbildung gehirngerecht gestalten

Ein gutes Lernformat berücksichtigt das Steinzeitgehirn:

- kurze Einheiten
- klare Struktur
- sichtbarer Fortschritt
- praktische Beispiele
- Wiederholung
- sichere Fehlerkultur
- direkte Anwendung
- Pausen
- Austausch
- Vormachen statt nur erklären

Besonders wichtig ist der Transfer in den Alltag. Lernen endet nicht mit dem Kurs. Lernen beginnt eigentlich erst dort, wo neues Verhalten im echten Leben angewendet wird.

Merksatz

Das Gehirn lernt nicht am besten unter Druck. Es lernt am besten in sicherer Neugier.

KAPITEL 22: EVOLUTIONÄRES CHANGE-MANAGEMENT – WIE WIR GEWOHNHEITEN WIRKLICH VERÄNDERN

- Warum gute Vorsätze das Alarmsystem triggern
- Die Kaizen-Methode der Evolution: Unter dem Radar der Amygdala fliegen
- Micro-Habits: Kleine Schritte, große Wirkung
- Habit Stacking: Neue Software auf alte Routinen aufspielen
- Choice Architecture: Die Umwelt klüger gestalten
- Sofortige Belohnung spürbar machen
- Praxis-Bezug: Das Survival-Kit für deinen Alltag

Du klappst dieses Buch gleich zu, bist voller Tatendrang und nimmst dir fest vor: Ab morgen wird alles anders! Mehr Bewegung, gesundes Essen, weniger Blaulicht, gelassenere Meetings und agiles Arbeiten im Team. Doch wenn wir ehrlich sind, kennen wir das Spiel: Nach spätestens zwei Wochen schleicht sich der Alltag wieder ein. Die alten Muster gewinnen, und das Buch verstaubt im Regal.

Warum ist dauerhafte Veränderung so verdammt schwer? Weil unser Gehirn evolutionär darauf programmiert ist, Veränderungen zu hassen. Aus Sicht der Steinzeit-Logik ist das Bekannte sicher. Wenn die Methode, die du gestern genutzt hast, dich nicht umgebracht hat, dann ist sie gut – egal, wie ineffizient oder ungesund sie eigentlich ist. Jede Veränderung bedeutet ein unkalkulierbares Risiko und kostet wertvolle kognitive Energie.

Um dich selbst oder ein ganzes Team erfolgreich zu verändern, musst du das neuronale Alarmsystem deines inneren Steinzeitmenschen gezielt austricksen.

22.1 Warum die guten Vorsätze das Alarmsystem triggern

Wenn wir etwas verändern wollen, neigen wir zu radikalen Schnitten: „Ab morgen gehe ich jeden Tag eine Stunde joggen und verzichte komplett auf Zucker.“

Für deine Amygdala (den Rauchmelder im Kopf, den wir in Kapitel 3 kennengelernt haben) ist das ein massiver Alarmzustand. Ein radikaler Bruch mit den Gewohnheiten signalisiert dem Gehirn eine potenzielle Krise. Die Folge: Das System schaltet auf Abwehr, erzeugt massiven inneren Widerstand, Stress und schüttet cortisolbefeuerte Zweifel aus. Die Willenskraft kapituliert vor dem evolutionären Selbsterhaltungstrieb, der den Status quo sichern will.

Die „Kaizen“-Methode der Evolution: Unter dem Radar der Amygdala fliegen

Der Trick für erfolgreiches Change-Management – egal ob für dich persönlich oder für dein Unternehmen – lautet: Mikro-Veränderungen (Kaizen).
Du musst die Schritte so klein wählen, dass die Amygdala den Braten gar nicht riecht. Die Veränderung muss so winzig sein, dass sie keine Angst auslöst und kaum Energie verbraucht.

Das Prinzip der Mikro-Gewohnheit (Micro-Habits): Willst du mehr Sport machen? Nimm dir nicht vor, ins Fitnessstudio zu gehen. Nimm dir vor, jeden Tag nach dem Aufstehen zwei Kniebeugen zu machen. Das kostet keine Überwindung. Der Witz dabei: Sobald du stehst und die zwei Kniebeugen machst, ist die neuronale Hürde genommen, und oft machst du freiwillig mehr. Aber das Ziel ist erreicht, das Gehirn meldet einen „Jagderfolg“ (Dopamin) statt einer Bedrohung.

22.2 Habit Stacking: Neue Software auf alte Routinen aufspielen

In unserem Gehirn existieren bereits milliardenfach erprobte, autobahnähnliche Nervenbahnen für Dinge, die wir ohnehin jeden Tag tun: Zähneputzen, den PC hochfahren, den ersten Kaffee trinken.

Anstatt zu versuchen, eine völlig neue Gewohnheit isoliert im Alltag zu etablieren, „koppelst“ du sie evolutionär an eine bereits bestehende Autobahn an. Das nennt man Habit Stacking (Gewohnheits-Stapelung).

Die Formel lautet: Nachdem ich [Alte Gewohnheit] getan habe, werde ich [Neue Mikro-Gewohnheit] tun.

- Für den Alltag: „Nachdem ich morgens meine Kaffeetasse in die Hand nehme, trinke ich sofort ein großes Glas Wasser (Kapitel 2).“
- Für das Büro: „Nachdem ich den Laptop für die Mittagspause zuklappe, mache ich 3 tiefe Atemzüge am offenen Fenster.“
-

Da die alte Gewohnheit bereits vollautomatisch und ohne Energieaufwand abläuft, „rutscht“ die neue Gewohnheit einfach mit durch, ohne das evolutionäre Energiesparprogramm deines Gehirns zu aktivieren.

22.3 Das Survival-Kit für deinen Alltag (Deine Sofort-Schritte)

Damit dieses Buch kein theoretisches Fachbuch bleibt, binden wir das Gelernte jetzt an deine Realität. Wähle für die kommende Woche genau einen der folgenden Mikro-Schritte aus – nicht mehr!

- [ ] Steinzeit-Check: Scanne morgen bei der Arbeit deine Stressmomente. War da wirklich ein Tiger, oder hat nur deine Amygdala auf eine E-Mail reagiert?
- [ ] Micro-Habit für den Körper: Stelle dir einen Timer. Nach 60 Minuten Sitzen im Büro stehst du für genau 60 Sekunden auf und streckst dich (Der „Anti-Couch-Trick").
- [ ] Micro-Habit für den Fokus: Schalte morgen für die ersten zwei Stunden der Arbeitszeit alle Push-Benachrichtigungen auf dem Handy aus. Schütze deinen präfrontalen Kortex vor der Informationsjagd.

Das ist der komplette Baukasten! Damit steht deine Gliederung inklusive aller Kapitel-Inhalte bombensicher. Du hast die perfekte Mischung aus solider Wissenschaft, humorvollem Storytelling und knallhartem Praxisbezug.

22.4 Wie kann man effektiv seine Gewohnheiten optimieren

Um Gewohnheiten effektiv und dauerhaft zu optimieren, musst du die Biologie deines Gehirns auf deiner Seite haben. Wie wir in unserem Buchkonzept gesehen haben, ist das menschliche Gehirn ein Energiesparorgan, das Veränderungen erst einmal als potenzielles Risiko einstuft.

Hier ist die psychologische und evolutionsbiologische Anleitung, um Gewohnheiten so zu optimieren, dass sie auch wirklich halten:

22.4.1. Fliege unter dem Radar deines Gehirns (Micro-Habits)

Der größte Fehler bei guten Vorsätzen ist, zu groß zu starten („Ab morgen jeden Tag 1 Stunde Sport“). Das alarmiert die Amygdala (dein Angstzentrum), erzeugt inneren Widerstand und kostet zu viel Willenskraft.

Die Strategie: Halte die neue Gewohnheit so winzig, dass sie absurd leicht fällt und kaum Energie kostet.

Beispiel: Statt „jeden Abend 30 Minuten lesen“, nimm dir vor: „Jeden Abend eine Seite lesen“. Wenn du erst einmal angefangen hast, liest du oft freiwillig mehr. Aber das Ziel ist mit minimalem Aufwand erreicht, und dein Gehirn verbucht einen „Jagderfolg“ (Dopamin-Ausschüttung).

22.4.2. Nutze vorhandene Autobahnen (Habit Stacking)

In deinem Gehirn existieren bereits perfekt ausgebaute Nervenbahnen für Dinge, die du täglich völlig automatisch tust (Zähneputzen, Kaffeekochen, den PC hochfahren). Es ist extrem schwer, eine neue Gewohnheit isoliert im luftleeren Raum zu etablieren.

Die Strategie: Kopple die neue Mikro-Gewohnheit direkt an eine bestehende Routine.

Die Formel: „Nachdem ich [Alte Gewohnheit] getan habe, werde ich [Neue Mikro-Gewohnheit] tun.“

Beispiel: „Nachdem ich morgens den Wasserkocher für den Kaffee einschalte, trinke ich sofort ein großes Glas Wasser.“ Die alte Routine zieht die neue quasi Huckepack mit durch.

22.4.3. Optimiere deine Umwelt (Choice Architecture)

Dein Gehirn reagiert extrem stark auf visuelle Reize in deiner Umgebung. In der Urzeit galt: Was man sieht, ist präsent und wird genutzt/gegessen. Wenn du dich auf deine reine Willenskraft verlässt, verlierst du auf Dauer gegen deine Umgebung.

Gute Gewohnheiten leicht machen: Wenn du morgens laufen willst, lege dir die Sportkleidung am Vorabend direkt neben das Bett. Wenn du mehr Wasser trinken willst, stelle dir morgens drei volle Flaschen direkt auf den Schreibtisch.

Schlechte Gewohnheiten schwer machen (Reibung erhöhen): Wenn du weniger am Smartphone hängen willst, lege es während der Arbeit in einen anderen Raum. Wenn du weniger naschen willst, lagere die Süßigkeiten in der obersten, am schwersten erreichbaren Schrankecke. Jede Sekunde „Verzögerung", die du einbaust, gibt deinem logischen Verstand die Chance, den Impuls zu stoppen.

22.4.4. Sofortige Belohnung spürbar machen

Die Evolution hat uns für kurzfristige Erfolge optimiert. Gesunde Gewohnheiten (Sport, gesunde Ernährung, Sparen) haben das Problem, dass die Belohnung (ein fitter Körper, ein volles Konto) weit in der Zukunft liegt, die „Kosten" (Anstrengung, Verzicht) aber sofort anfallen. Bei schlechten Gewohnheiten (Schokolade, Social Media) ist es genau umgekehrt: Die Belohnung kommt sofort, der Schaden erst spät.

Die Strategie: Belohne dich für die gute Gewohnheit sofort auf psychologischer Ebene.

Beispiel: Nutze einen analogen Kalender und mache jeden Tag, an dem du deine Mikro-Gewohnheit geschafft hast, ein dickes, rotes Kreuz. Das

Abhaken oder Durchstreichen erzeugt einen sofortigen, visuellen Dopamin-Kick. Dein Gehirn lernt: Diese Handlung fühlt sich gut an, das machen wir wieder.

Zusammenfassendes Fazit: Optimiere immer nur eine einzige Gewohnheit auf einmal. Warte, bis sie nach ein paar Wochen vollautomatisch abläuft (zur Routine geworden ist), und nimm dir erst dann die nächste vor.
wo gibt es Nachteile menschlichen Verhaltens, die auf unserer Evolution beruhen

Dass unsere evolutionäre Anpassung in der modernen Welt handfeste Nachteile mit sich bringt, nennt man in der Wissenschaft Evolutionary Mismatch (evolutionäre Fehlanpassung). Kurz gesagt: Wir leben mit der Biologie von Jägern und Sammlern in einer digitalisierten Hochleistungsgesellschaft.

22.5. Hier sind die vier größten Bereiche, in denen uns unsere evolutionären Werkseinstellungen heute im Weg stehen:

22.5.1. Das Stress- und Angstsystem (Die Amygdala im Dauerfeuer)

In der Urzeit war Stress eine kurzfristige Überlebensreaktion: Ein Raubtier tauchte auf, der Körper schüttete Adrenalin und Cortisol aus, man kämpfte oder rannte um sein Leben (Fight-or-Flight). Danach war die Gefahr vorbei und der Hormonspiegel sank wieder.

Der Nachteil heute: Unser Gehirn kann nicht zwischen einer echten Lebensgefahr und einer unhöflichen E-Mail, einer nahenden Deadline oder einer schlechten Note unterscheiden. Da wir im Büro oder in der Schule nicht weglaufen oder kämpfen können, bleiben die Stresshormone im Blut. Aus akutem Überlebensstress wird schädlicher chronischer Stress, der den Verstand blockiert und langfristig krank macht.

22.5.2. Ernährung und Energiesparmodus (Der Drang zum Donut)

Nahrung – besonders kalorienreiche, süße oder fettige Lebensmittel – war in der Natur extrem selten. Wer vor 50.000 Jahren eine Beerenhecke oder Honig fand, musste so viel wie möglich essen, um Fettreserven für die nächste Dürreperiode aufzubauen. Bewegung war zudem teuer und wurde vom Gehirn nur hochgefahren, wenn es absolut notwendig war (Jagd oder Flucht).
Der Nachteil heute: Wir leben im absoluten Überfluss bei minimaler körperlicher Aktivität. Unser Gehirn belohnt uns aber immer noch mit einem Dopamin-Feuerwerk, wenn wir Zucker und Fett essen, während es gleichzeitig jede Bewegung ohne direkten Nutzen (wie das Joggen) als Energieverschwendung einstuft. Das führt zu Zivilisationskrankheiten wie Übergewicht und Diabetes.

22.5.3. Soziale Anerkennung und Social Media (Der digitale Dorfplatz)

Für unsere Vorfahren war der Ausschluss aus der Gruppe (dem Stamm) das sichere Todesurteil. Deshalb hat unser Gehirn ein feines Antennensystem für den sozialen Status entwickelt: Lob schüttet Glückshormone aus, soziale Ablehnung aktiviert im Gehirn dieselben Areale wie echter, physischer Schmerz. Ein Stamm umfasste dabei selten mehr als 150 Personen (Dunbar-Zahl).

Der Nachteil heute: Social-Media-Plattformen nutzen diesen Ur-Instinkt schamlos aus. Jedes „Like" simuliert das Schulterklopfen eines Stammesmitglieds. Da unser „digitaler Stamm" nun aber aus Millionen Menschen besteht, vergleichen wir uns permanent mit den Schönsten und Reichsten der Welt. Das führt zu chronischer Unzufriedenheit und Phänomenen wie FOMO (der Angst, etwas zu verpassen).

22.5.4. Kurzfristiges Denken (Die Prokrastination bei Großprojekten)

Die Evolution hat uns für unmittelbare Zyklen optimiert. Eine Jagd dauerte ein paar Stunden, das Ergebnis war sofort sichtbar. Unser Gehirn ist darauf getrimmt, schnelle Entscheidungen mit direktem Feedback zu treffen (Heuristiken), um kognitive Energie zu sparen.

Der Nachteil heute: Moderne Aufgaben (wie das Lernen auf Abschlüsse, Altersvorsorge oder Klimaschutz) sind extrem abstrakt und liegen weit in der Zukunft. Da unser innerer Steinzeitmensch keine Energie für Dinge aufwenden will, die er heute weder jagen noch essen kann, schiebt er komplexe Aufgaben gerne auf (Prokrastination) und wählt stattdessen die schnelle Ablenkung.

Fazit: Wenn wir ungesund essen, gestresst sind oder prokrastinieren, sind wir nicht „faul" oder „willensschwach" – wir sind biologisch einfach perfekt für eine Welt optimiert, die es so nicht mehr gibt.

In der Kognitionspsychologie und Verhaltensbiologie gibt es hunderte von kognitiven Verzerrungen (Biases). Sie alle entstehen, weil unser Steinzeitgehirn in Bruchteilen von Sekunden Entscheidungen treffen muss, um Energie zu sparen.

22.6. Wenn es um den modernen Alltag, die Arbeitswelt und unsere Mediennutzung geht, sind die folgenden fünf Biases die wichtigsten, die du unbedingt kennen solltest:

22.6.1. Der Bestätigungsfehler (Confirmation Bias)

Das ist der König aller Denkfehler. Unser Gehirn filtert Informationen automatisch so, dass sie zu dem passen, was wir ohnehin schon glauben. Widersprüchliche Fakten werden ignoriert, uminterpretiert oder als „Ausnahme" abgetan.

Warum wir ihn haben: Es kostet das Gehirn enorm viel Energie, das eigene Weltbild zu hinterfragen und umzudenken. Bestätigung hingegen schüttet Dopamin aus.

Im Alltag: Wenn du glaubst, dass dein Chef dich nicht mag, wirst du jedes vergessene „Guten Morgen" als Beweis sehen – während du die drei Male, die er dir geholfen hat, vergisst.

22.6.2. Der Verfügbarkeitsfehler (Availability Heuristic)

Wir bewerten die Wahrscheinlichkeit oder Gefahr von Ereignissen danach, wie leicht uns ein Beispiel dafür einfällt. Was emotional aufrüttelnd, dramatisch oder kurzlich passiert ist, bleibt im Gedächtnis und wirkt dadurch „häufiger".

Warum wir ihn haben: In der Savanne war es überlebenswichtig, sich an dramatische Ereignisse (z. B. einen Schlangenbiss an einer bestimmten Stelle) sofort zu erinnern und diese Gefahr übergroß einzuschätzen.

Im Alltag: Viele Menschen haben nach dramatischen Medienberichten mehr Angst vor einem Flugzeugabsturz oder einem Hai-Angriff als vor einem Autounfall – obwohl statistisch gesehen das Auto die weitaus größere Gefahr darstellt.

22.6.3. Der Mitläufer-Effekt (Bandwagon Effect)

Die Tendenz, eine Meinung zu übernehmen oder eine Handlung auszuführen, schlicht weil es die Mehrheit der eigenen Gruppe tut.

Warum wir ihn haben: In einem steinzeitlichen Stamm bedeutete Nonkonformismus Gefahr. Wenn dreißig Leute panisch in eine Richtung rennen, war es für das Überleben fatal, stehenzubleiben und nach dem Grund zu fragen. Mitrennen war sicherer.

Im Alltag: Er steuert Modetrends, Börsenhypes, virale Internet-Phänomene und sorgt in Meetings oft dafür, dass niemand dem schlechten Vorschlag des Chefs widerspricht (Groupthink).

22.6.4. Der Status-quo-Bias (Status Quo Bias)

Menschen haben eine überproportionale Tendenz, alles beim Alten zu belassen. Eine Veränderung der aktuellen Situation wird fast immer als Verlust oder Risiko wahrgenommen, selbst wenn die Alternative objektiv besser wäre.

Warum wir ihn haben: Wie wir in Kapitel 11 gesehen haben: Das Bekannte hat uns bisher am Leben erhalten. Jedes neue Experiment, jeder neue Weg könnte tödlich enden.

Im Alltag: Unternehmen halten jahrelang an veralteter Software oder ineffizienten Prozessen fest („Das haben wir schon immer so gemacht“), weil die Umstellung dem Gehirn Angst macht.

22.6.5. Der Negativitäts-Bias (Negativity Bias)

Negative Erlebnisse, Kritik oder Gefahren hinterlassen einen weitaus tieferen Eindruck in unserem Gehirn als positive Erlebnisse oder Lob.

Warum wir ihn haben: Ein Optimist in der Steinzeit, der eine Gefahr übersah, war tot. Ein Pessimist, der zehnmal umsonst Angst vor einem Busch hatte, überlebte. Die Evolution hat Wachsamkeit gegenüber dem Negativen radikal belohnt.

Im Alltag: Du bekommst an einem Arbeitstag neun großartige Komplimente und eine kleine Kritik. Worüber grübelst du abends im Bett? Genau, über die eine Kritik.

Der Nutzeffekt für dich: Du kannst diese Biases nicht abschalten – sie sind fest in unserer Hardware verdrahtet. Aber allein das Wissen, dass dein Gehirn gerade versucht, eine Abkürzung zu nehmen, gibt dir im Alltag die entscheidende Sekunde Zeit, um innezuhalten und eine rationalere Entscheidung zu treffen.

KAPITEL 23: DER PERSÖNLICHE EVOLUTIONS-CHECK

- Welcher Steinzeit-Trigger bestimmt deinen Alltag?
- Bist du eher Sicherheits-, Status- oder Bindungstyp?
- Wie stark ist dein digitales Dorfplatz-Verhalten?
- Wo erzeugt dein Alltag evolutionären Mismatch?
- Welche drei Stellschrauben bringen dir sofort Entlastung?

Welche alten Programme steuern deinen Alltag?

Bis hierher hat dieses Buch viele alte Programme beschrieben: Hunger, Angst, Status, Bindung, Revierverhalten, Gewohnheit, Dopamin, Schlaf, Gruppenzugehörigkeit, Stress und Sinnsuche.

Jetzt geht es um die persönliche Frage:

Welche dieser Programme sind bei dir besonders aktiv?

Nicht theoretisch. Sondern im Alltag.

Denn der Nutzen dieses Buches liegt nicht nur darin, den Menschen allgemein besser zu verstehen. Der Nutzen liegt darin, sich selbst besser zu verstehen.

Wer seine eigenen Trigger erkennt, kann seinen Alltag klüger gestalten. Er muss nicht jedes Verhalten moralisch bewerten. Er kann fragen: Welches System ist gerade aktiv? Was will es schützen? Und wie kann ich heute besser damit umgehen?

Manche Menschen reagieren besonders stark auf Druck, Kritik, Unsicherheit oder Konflikte.

Sie sind schnell angespannt, denken viel nach, schlafen schlechter oder fühlen sich für alles verantwortlich. Ihr Gehirn scannt ständig die Umgebung: Was könnte schiefgehen? Wer erwartet etwas von mir? Wo droht Ärger?

Das ist anstrengend, aber nicht sinnlos. Das Stresssystem will schützen. Es will vorbereiten. Es will Gefahr vermeiden.

Problematisch wird es, wenn es dauerhaft aktiv bleibt.

Typische Fragen:

- Reagiere ich stark auf Kritik?
- Kann ich schlecht abschalten?
- Fühle ich mich schnell verantwortlich?
- Grüble ich über mögliche Probleme?
- Habe ich körperliche Stresszeichen?
- Meide ich Konflikte oder gehe ich schnell in Verteidigung?

Wenn viele Antworten ja lauten, braucht dein System wahrscheinlich mehr Sicherheit und Entlastung.

Hilfreich sind:

- klare Grenzen
- feste Ruhezeiten
- weniger Reize
- Bewegung
- Schlafrhythmus
- weniger Nachrichtenkonsum
- Aufgaben sichtbar machen

- Probleme in kleine Schritte zerlegen

Der Status-Trigger

Status klingt oberflächlich. Ist es aber nicht.

Status bedeutet im evolutionären Sinn: Wo stehe ich in der Gruppe? Werde ich respektiert? Habe ich Einfluss? Werde ich gesehen? Bin ich wichtig?

Menschen mit starkem Status-Trigger reagieren empfindlich auf Missachtung, Übergehen, Kritik oder Vergleich.

Typische Fragen:

- Vergleiche ich mich oft mit anderen?
- Kränkt es mich, übergangen zu werden?
- Ist Anerkennung für mich sehr wichtig?
- Reagiere ich stark auf Respektlosigkeit?
- Fühle ich mich schnell klein?
- Kaufe ich manchmal Dinge, um mich aufzuwerten?

Hier geht es nicht darum, Status schlechtzureden. Jeder Mensch braucht Anerkennung. Problematisch wird es, wenn der eigene Wert zu stark von äußerer Bestätigung abhängt.

Hilfreich sind:

- eigene Werte klären
- echte Kompetenz aufbauen
- weniger sozialer Vergleich
- bewusster Umgang mit Statussymbolen
- Anerkennung auch aus innerem Fortschritt beziehen

Der Bindungs-Trigger

Bei manchen Menschen springt vor allem das Bindungssystem schnell an.

Sie spüren Unsicherheit in Beziehungen stark. Eine kurze Nachricht, ein Rückzug oder ein genervter Ton kann sofort Fragen auslösen: Bin ich noch wichtig? Habe ich etwas falsch gemacht? Entfernt sich der andere?

Typische Fragen:

- Habe ich Angst vor Ablehnung?
- Grüble ich viel über Nachrichten oder Reaktionen?
- Suche ich oft Rückversicherung?
- Ziehe ich mich zurück, wenn ich verletzt bin?
- Fühlen sich Konflikte schnell sehr bedrohlich an?
- Erwarte ich, dass andere merken, was ich brauche?

Ein starkes Bindungssystem ist nicht falsch. Es zeigt, dass Nähe wichtig ist. Aber es braucht erwachsene Steuerung.

Hilfreich sind:

- Bedürfnisse klar aussprechen
- Sicherheit nicht über Kontrolle suchen
- Konflikte verlangsamen
- Nähe und Autonomie unterscheiden
- eigene Beruhigungsstrategien entwickeln

Der Sicherheits-Trigger

Ein starkes Sicherheitsprogramm fragt ständig: Reicht es? Bin ich vorbereitet? Was passiert, wenn etwas schiefgeht?

Das kann sich auf Geld, Gesundheit, Arbeit, Familie, Haus, Zukunft oder Ordnung beziehen.

Typische Fragen:

- Sorgen mich Geld oder Zukunft stark?
- Habe ich Angst vor Kontrollverlust?
- Fällt mir Veränderung schwer?
- Behalte ich vieles „für den Fall der Fälle“?
- Plane ich viel, fühle mich aber trotzdem unsicher?
- Erwarte ich oft das Schlimmste?

Dieses System will schützen. Aber wenn es zu stark wird, verhindert es Leben.

Hilfreich sind:

- Zahlen und Fakten sichtbar machen
- kleine Rücklagen oder Sicherheitsstrukturen schaffen
- Plan B definieren
- Entscheidungen vereinfachen
- Katastrophengedanken überprüfen
- Ordnung in kleinen Bereichen schaffen

Der Dopamin-Trigger

Das Dopaminsystem sucht schnelle Belohnung.

Es liebt Neuigkeit, Abwechslung, kleine Reize und sofortige Rückmeldung. Deshalb sind Handy, Social Media, Snacks, Serien, Shopping und Nachrichten so verführerisch.

Typische Fragen:

- Greife ich oft automatisch zum Handy?
- Schiebe ich wichtige Aufgaben auf?
- Suche ich schnelle Belohnungen?
- Verliere ich mich in Social Media?
- Fällt mir Langeweile schwer?
- Beginne ich vieles und beende wenig?

Das Problem ist nicht Dopamin selbst. Ohne Belohnungssystem hätten wir keine Motivation. Das Problem ist, dass moderne Reize dieses System ständig kapern.

Hilfreich sind:

- Handy außer Sichtweite
- Benachrichtigungen reduzieren
- Aufgaben kleiner machen
- gute Gewohnheiten sofort belohnen
- feste Fokuszeiten
- Langeweile wieder aushalten lernen

Dein persönlicher Mismatch-Plan

Der persönliche Evolutions-Check endet nicht mit Erkenntnis. Er sollte in einen kleinen Plan führen.

Nicht in einen perfekten Plan. Sondern in einen machbaren.

Schritt 1: Mein stärkster Trigger

Wähle einen Bereich:

- Stress
- Status
- Bindung
- Sicherheit
- Dopamin
- Ernährung
- Schlaf
- Revier
- Zugehörigkeit

Schritt 2: Mein häufigster Auslöser

Beispiele:

- E-Mails
- Geld
- Partnerkonflikte
- Social Media
- Arbeitsplatz
- Kritik
- Zeitdruck
- Unordnung
- Nachrichten

- Müdigkeit

Schritt 3: Meine bessere Umgebung

Frage nicht nur: „Was muss ich anders machen?“

Frage: „Wie muss meine Umgebung aussehen, damit es leichter wird?“

Beispiele:

- Handy nicht neben dem Bett
- feste Essenszeiten
- Rechnungen an einem festen Platz
- Spaziergang direkt nach dem Frühstück
- Benachrichtigungen aus
- feste Schlafenszeit
- sichtbare Aufgabenliste
- weniger Snacks in Griffweite

Schritt 4: Mein kleinster nächster Schritt

Das Steinzeitgehirn mag keine riesigen Veränderungspläne. Es mag Sicherheit.

Deshalb beginnt Veränderung klein:

- fünf Minuten gehen
- eine Rechnung sortieren
- eine Benachrichtigung ausschalten
- eine Mahlzeit verbessern
- zehn Minuten früher ins Bett
- ein klares Gespräch führen
- eine Aufgabe sichtbar machen

Kleine Schritte wirken harmlos. Genau deshalb funktionieren sie oft besser.

Merksatz

Veränderung beginnt nicht mit Disziplin. Sie beginnt mit einem besseren Verständnis deiner eigenen Auslöser.

ANHANG 2: GLOSSAR

Die wichtigsten Begriffe einfach erklärt
Dieses Glossar erklärt zentrale Begriffe aus Evolutionspsychologie, Stressforschung, Sozialpsychologie und moderner Arbeitswelt. Die Erklärungen sind bewusst leicht verständlich formuliert.

Amygdala
Die Amygdala ist ein Teil des Gehirns, der besonders stark an der Verarbeitung von Angst, Gefahr und emotionaler Bedeutung beteiligt ist.
Sie wirkt wie ein inneres Alarmsystem. Wenn etwas bedrohlich erscheint, kann die Amygdala sehr schnell reagieren – oft schneller als unser bewusster Verstand.
Im Alltag springt dieses Alarmsystem nicht nur bei echter körperlicher Gefahr an. Auch Kritik, Ablehnung, Zeitdruck, Streit, Unsicherheit oder eine unangenehme E-Mail können das System aktivieren.
Einfach gesagt:
Die Amygdala fragt ständig: „Ist das gefährlich?"

Bias
Ein Bias ist eine systematische Verzerrung im Denken, Wahrnehmen oder Entscheiden.
Unser Gehirn bewertet Informationen nicht vollkommen neutral. Es nutzt Erfahrungen, Gefühle, Erwartungen und alte Muster. Das hilft uns, schnell zu entscheiden, kann aber auch zu Fehlurteilen führen.
Beispiele sind:
Negativitäts-Bias
Bestätigungsfehler,tatus-quo-Bias,Verfügbarkeitsfehler
Einfach gesagt:
Ein Bias ist eine eingebaute Schieflage im Denken.

Bestätigungsfehler

Der Bestätigungsfehler ist eine Form von Bias. Er bedeutet: Wir suchen und bemerken bevorzugt Informationen, die zu unserer bestehenden Meinung passen.

Widersprechende Informationen blenden wir leichter aus oder nehmen sie weniger ernst.

Beispiel:

Wer glaubt, dass ein Kollege unzuverlässig ist, merkt sich jeden Fehler dieses Kollegen besonders gut. Gute Leistungen werden dagegen schneller übersehen. Einfach gesagt:

Wir suchen oft nicht die Wahrheit, sondern Beweise für das, was wir ohnehin glauben.

Cortisol

Cortisol ist ein wichtiges Stresshormon.

Es hilft dem Körper, Energie bereitzustellen und auf Belastung zu reagieren.

Kurzfristig ist Cortisol sinnvoll. Es macht wach, aufmerksam und handlungsbereit.

Problematisch wird es, wenn der Körper dauerhaft unter Stress steht. Dann kann ein dauerhaft erhöhtes Stressniveau Schlaf, Gewicht, Immunsystem, Stimmung, Blutdruck und Konzentration beeinflussen.

Einfach gesagt: Cortisol ist nützlich bei akuter Belastung, aber problematisch bei Dauerstress.

Dopamin

Dopamin ist ein Botenstoff im Gehirn, der stark mit Motivation, Belohnung, Erwartung und Lernen verbunden ist.

Dopamin wird nicht nur ausgeschüttet, wenn wir etwas Schönes bekommen, sondern oft schon, wenn wir eine Belohnung erwarten.

Deshalb sind Handy, Social Media, Snacks, Shopping, Spiele und neue Nachrichten so reizvoll. Sie versprechen schnelle kleine Belohnungen.

Einfach gesagt:

Dopamin sagt: „Da könnte sich etwas lohnen.“

Dunbar-Zahl

Die Dunbar-Zahl geht auf den Anthropologen Robin Dunbar zurück. Sie beschreibt die Idee, dass Menschen nur eine begrenzte Anzahl stabiler sozialer Beziehungen aktiv pflegen können.
Oft wird die Zahl 150 genannt. Sie steht nicht für eine harte mathematische Grenze, sondern für eine ungefähre Größenordnung.
Für Organisationen ist der Gedanke interessant, weil sehr große Gruppen oft schwerer Vertrauen, Nähe und echte Zugehörigkeit herstellen können.
Einfach gesagt:
Unser Gehirn ist nicht für unbegrenzt viele enge Sozialkontakte gebaut.

Evolutionäre Anpassung

Evolutionäre Anpassung bedeutet, dass sich Eigenschaften über viele Generationen entwickelt haben, weil sie unter bestimmten Lebensbedingungen hilfreich waren.
Das können körperliche Merkmale sein, aber auch psychische Neigungen.
Beispiel:
Angst vor Ablehnung kann evolutionär sinnvoll gewesen sein, weil Gruppenzugehörigkeit früher überlebenswichtig war.
Wichtig: Eine Anpassung, die früher nützlich war, muss heute nicht immer hilfreich sein.
Einfach gesagt:
Was früher beim Überleben half, wirkt manchmal heute noch in uns weiter.

Fitness

In der Evolutionsbiologie bedeutet Fitness nicht Sportlichkeit.
Fitness beschreibt, wie erfolgreich ein Lebewesen darin ist, seine Gene an kommende Generationen weiterzugeben.
Das kann durch Überleben, Fortpflanzung, Fürsorge, Kooperation oder Verwandtenunterstützung geschehen.
Einfach gesagt:
Evolutionäre Fitness meint Fortpflanzungserfolg, nicht Sixpack.

Heuristik
Eine Heuristik ist eine geistige Faustregel.
Unser Gehirn nutzt Heuristiken, um schnell Entscheidungen zu treffen, ohne jede Information vollständig zu prüfen.
Beispiel:
„Wenn viele Menschen etwas gut finden, wird es schon stimmen."
Solche Abkürzungen sparen Energie, können aber auch zu Denkfehlern führen.
Einfach gesagt:
Eine Heuristik ist eine schnelle Denkabkürzung.

Homeostase
Homeostase bedeutet inneres Gleichgewicht.
Der Körper versucht ständig, wichtige Werte stabil zu halten: Temperatur, Blutzucker, Flüssigkeitshaushalt, Schlaf-Wach-Rhythmus, Stressniveau und vieles mehr.
Wenn der Alltag dauerhaft gegen dieses Gleichgewicht arbeitet, entsteht Belastung.
Einfach gesagt:
Der Körper versucht, im Gleichgewicht zu bleiben.

In-Group
Die In-Group ist die Gruppe, zu der wir uns zugehörig fühlen.
Das kann Familie sein, ein Team, ein Verein, eine Nation, eine Berufsgruppe, eine Online-Community oder ein Freundeskreis.
Menschen behandeln Mitglieder der eigenen Gruppe oft wohlwollender als Außenstehende.
Einfach gesagt:
Die In-Group ist das „Wir".

Out-Group
Die Out-Group ist die Gruppe, die als „die anderen“ wahrgenommen wird. Das können andere Abteilungen, andere Firmen, andere politische Lager, andere Kulturen oder fremde Gruppen sein.
Out-Groups werden oft schneller misstrauisch, pauschal oder negativ bewertet.
Einfach gesagt:
Die Out-Group ist das „Die da“.

Kaizen
Kaizen ist ein japanischer Begriff und bedeutet sinngemäß „Veränderung zum Besseren“.
Im Alltag meint Kaizen kleine, kontinuierliche Verbesserungen statt großer radikaler Umbrüche.
Aus evolutionärer Sicht passt Kaizen gut zum Gehirn, weil kleine Veränderungen weniger Angst auslösen als große Veränderungsprogramme.
Einfach gesagt:
Kaizen heißt: besser werden in kleinen Schritten.

Kognitive Dissonanz
Kognitive Dissonanz entsteht, wenn unser Verhalten, unsere Überzeugungen oder unser Selbstbild nicht zusammenpassen.
Beispiel:
Jemand sieht sich als gesundheitsbewusst, isst aber täglich stark ungesund. Das erzeugt inneren Widerspruch.
Das Gehirn versucht dann, diesen Widerspruch zu verringern. Man verändert entweder das Verhalten – oder man findet Erklärungen, warum es doch nicht so schlimm ist.
Einfach gesagt:
Kognitive Dissonanz ist das unangenehme Gefühl, wenn Denken und Handeln nicht zusammenpassen.

Mismatch

Mismatch bedeutet Nicht-Übereinstimmung.

Im Zusammenhang mit Evolutionspsychologie beschreibt Mismatch den Konflikt zwischen unserer alten biologischen Ausstattung und der modernen Umwelt.

Beispiele:

Ein Körper für Bewegung sitzt acht Stunden am Schreibtisch.

Ein Gehirn für Knappheit lebt im Lebensmittelüberfluss.

Ein soziales Stammesgehirn vergleicht sich täglich mit Tausenden Menschen online.

Ein Alarmsystem für akute Gefahr reagiert auf Dauerstress, E-Mails und Zukunftssorgen.

Einfach gesagt:

Unser altes Betriebssystem läuft in einer neuen Welt.

Negativitäts-Bias

Der Negativitäts-Bias bedeutet, dass negative Informationen stärker wirken als positive.

Kritik bleibt oft länger hängen als Lob. Schlechte Nachrichten ziehen mehr Aufmerksamkeit auf sich als gute. Ein Fehler kann einen ganzen Tag überschatten.

Evolutionär war das sinnvoll, weil Gefahren wichtiger waren als angenehme Nebensächlichkeiten.

Einfach gesagt:

Unser Gehirn merkt sich Gefahr besser als Glück.

Neuroplastizität

Neuroplastizität beschreibt die Fähigkeit des Gehirns, sich zu verändern.

Das Gehirn kann neue Verbindungen bilden, alte Muster schwächen und durch Übung neue Gewohnheiten aufbauen.

Das ist wichtig, weil es zeigt: Alte Programme wirken in uns, aber sie bestimmen uns nicht vollständig.

Einfach gesagt:
Das Gehirn kann umlernen.

Oxytocin
Oxytocin ist ein Hormon und Botenstoff, der unter anderem mit Bindung, Vertrauen, Nähe und sozialer Verbindung zusammenhängt.
Es spielt eine Rolle bei Geburt, Stillen, Körperkontakt, Paarbindung und sozialer Nähe.
Oxytocin ist aber kein reines „Kuschelhormon“. Es kann auch Gruppenzugehörigkeit verstärken und damit Abgrenzung gegenüber Außenstehenden fördern.
Einfach gesagt:
Oxytocin verbindet – besonders innerhalb der vertrauten Gruppe.

Psychologische Sicherheit
Psychologische Sicherheit beschreibt ein Klima, in dem Menschen offen sprechen können, ohne Angst vor Bloßstellung, Strafe oder sozialem Ausschluss zu haben.
In Teams bedeutet das:
Fragen stellen dürfen
Fehler zugeben dürfen
Zweifel äußern dürfen
Kritik respektvoll ansprechen dürfen
Ideen einbringen dürfen
Psychologische Sicherheit ist besonders wichtig für Lernen, Innovation und Zusammenarbeit.
Einfach gesagt:
Menschen denken besser, wenn sie keine Angst haben müssen, beschämt zu werden.

Reziproker Altruismus

Reziproker Altruismus bedeutet gegenseitige Hilfe.
Ein Mensch hilft einem anderen, obwohl es ihn zunächst etwas kostet, weil die Chance besteht, später ebenfalls Hilfe zu bekommen.
Beispiel:
„Ich helfe dir heute. Du hilfst mir morgen."
Dieses Prinzip ist wichtig für Vertrauen, Kooperation und soziale Bindung.
Einfach gesagt:
Gegenseitige Hilfe stabilisiert Gruppen.

Soziale Ansteckung

Soziale Ansteckung bedeutet, dass Gefühle, Verhalten und Stimmungen von einer Person auf andere übergehen können.
In Gruppen kann sich Stress, Angst, Begeisterung, Ruhe oder Empörung ausbreiten.
Das sieht man in Teams, Familien, Online-Communitys und Menschenmengen.
Einfach gesagt:
Menschen stecken sich nicht nur mit Viren an, sondern auch mit Stimmungen.

Status

Status beschreibt die wahrgenommene Position eines Menschen innerhalb einer Gruppe.
Status kann entstehen durch:

- Kompetenz
- Erfahrung
- Besitz
- Aussehen
- Titel
- Einfluss
- Mut
- Großzügigkeit
- Dominanz

- soziale Beliebtheit

Evolutionär war Status wichtig, weil er Zugang zu Ressourcen, Schutz, Partnerwahl und Einfluss verbessern konnte.
Einfach gesagt:
Status beantwortet die Frage: „Wo stehe ich in der Gruppe?"

Status-quo-Bias
Der Status-quo-Bias ist die Neigung, am Bekannten festzuhalten.
Das Bestehende fühlt sich sicherer an, selbst wenn es nicht optimal ist. Veränderung wirkt dagegen riskant, weil sie Unsicherheit erzeugt.
Beispiel:
Ein Unternehmen nutzt weiter ein schlechtes System, weil „wir das schon immer so gemacht haben".
Einfach gesagt:
Das Bekannte fühlt sich sicherer an als das Bessere.

Stressreaktion
Die Stressreaktion ist die körperliche und psychische Aktivierung bei wahrgenommener Belastung oder Gefahr.
Der Körper stellt Energie bereit. Aufmerksamkeit steigt. Herzschlag, Muskelspannung und Wachsamkeit können zunehmen.
Kurzfristig ist das nützlich. Dauerhaft wird es belastend.
Einfach gesagt:
Stress ist der Versuch des Körpers, dich handlungsfähig zu machen.

Tribe / Stamm
Der Begriff Stamm wird in diesem Buch bildlich verwendet. Er meint die kleine, vertraute Gruppe, in der Menschen Sicherheit, Zugehörigkeit und Orientierung finden.
Im modernen Leben können „Stämme“ sein:

- Familie
- Freundeskreis
- Team
- Verein
- Community
- Kollegenkreis

Der Begriff soll nicht romantisieren, sondern verständlich machen, warum Zugehörigkeit so wichtig ist.
Einfach gesagt:
Der Stamm ist die Gruppe, in der wir uns zugehörig und sicher fühlen.

Verfügbarkeitsfehler
Der Verfügbarkeitsfehler bedeutet: Was uns schnell einfällt, halten wir oft für häufiger oder wichtiger, als es tatsächlich ist.
Dramatische, emotionale oder aktuelle Informationen wirken besonders stark. Beispiel:
Nach vielen Berichten über Einbrüche fühlt sich die eigene Umgebung plötzlich gefährlicher an, auch wenn die tatsächliche Gefahr nicht gestiegen ist.
Einfach gesagt:
Was laut im Kopf ist, wirkt größer als es sein muss.

Zugehörigkeit
Zugehörigkeit ist das Gefühl, Teil einer Gruppe zu sein.
Für Menschen ist Zugehörigkeit ein Grundbedürfnis. Früher bedeutete Ausschluss echte Gefahr. Auch heute reagieren wir stark auf Ablehnung, Ignoranz oder Ausgrenzung.
Zugehörigkeit entsteht durch Vertrauen, gemeinsame Erfahrungen, Sprache, Rituale, gegenseitige Hilfe und Anerkennung. Einfach gesagt:
Zugehörigkeit sagt dem Nervensystem: „Ich bin nicht allein.

- Der Stress-Trigger-Test
- Der digitale Dorfplatz-Test
- Der Status-Check
- Der Mismatch-Check für Alltag und Beruf
- Die 7-Tage-Steinzeit-Challenge
- Die persönliche Kaizen-Liste

Wie du dein eigenes Steinzeitprogramm erkennst
Dieses Buch soll nicht nur erklären. Es soll helfen, den eigenen Alltag besser zu verstehen.
Die folgenden Übungen sind keine medizinischen oder psychologischen Diagnosen. Sie sind Beobachtungswerkzeuge. Sie helfen dir zu erkennen, welche alten Programme in deinem modernen Alltag besonders häufig anspringen.
Es geht nicht darum, dich zu bewerten. Es geht darum, Muster sichtbar zu machen.
Denn was sichtbar wird, lässt sich verändern.

1. DER STRESS-TRIGGER-TEST

Wie schnell springt dein inneres Alarmsystem an?
Stress ist ursprünglich ein Schutzprogramm. Der Körper macht dich wach, aufmerksam und handlungsbereit. Das ist sinnvoll, wenn echte Gefahr droht. Im modernen Alltag springt dieses System aber oft bei Situationen an, die nicht lebensgefährlich sind: E-Mails, Kritik, Zeitdruck, Geldsorgen, Konflikte, Nachrichten, Termine oder unklare Erwartungen.

Dieser Test hilft dir herauszufinden, wie leicht dein Alarmsystem aktiviert wird.

Anleitung
Lies die Aussagen und bewerte sie ehrlich.
Nutze diese Skala:
0 = trifft gar nicht zu
1 = trifft selten zu
2 = trifft manchmal zu
3 = trifft häufig zu
4 = trifft sehr stark zu

Aussagen
Ich fühle mich schnell unter Druck, auch wenn objektiv noch nichts Schlimmes passiert ist.
Kritik beschäftigt mich länger, als mir lieb ist.
Ich denke oft darüber nach, was alles schiefgehen könnte.
Ich habe Schwierigkeiten, nach der Arbeit oder nach Belastungen abzuschalten.
Mein Körper reagiert auf Stress mit Verspannung, Herzklopfen, Magenproblemen, Kopfdruck oder innerer Unruhe.
Ich fühle mich schnell verantwortlich, auch für Dinge, die eigentlich nicht nur meine Aufgabe sind.
Unklare Situationen machen mich nervös.
Ich kontrolliere Dinge lieber mehrfach, um Fehler zu vermeiden.

Ich kann schlecht entspannen, wenn noch Aufgaben offen sind.
Ich reagiere gereizt, wenn ich überfordert bin.
Ich meide manchmal Gespräche, weil ich Angst vor Konflikten habe.
Ich fühle mich nach Nachrichten, Social Media oder Krisenmeldungen angespannt.
Ich kann schlecht schlafen, wenn mich etwas beschäftigt.
Ich habe oft das Gefühl, funktionieren zu müssen.
Ich brauche lange, bis mein Körper nach Stress wieder ruhig wird.
Auswertung
Zähle deine Punkte zusammen.
0–20 Punkte: Ruhiges Alarmsystem
Dein Stresssystem scheint eher stabil zu reagieren. Du kannst Belastung meist gut einordnen und kommst relativ gut wieder zur Ruhe.

Achte trotzdem auf:
Dauerbelastungen, die du vielleicht unterschätzt.
21–40 Punkte: Empfindliches Alarmsystem
Dein Stresssystem reagiert spürbar auf Druck, Verantwortung oder Unsicherheit. Du funktionierst wahrscheinlich gut, brauchst aber bewusste Erholung.

Wichtig für dich:
Regelmäßige Entlastung, klare Grenzen und kleine Pausen.
41–60 Punkte: Stark aktiviertes Alarmsystem
Dein Nervensystem steht häufig unter Strom. Du bist möglicherweise sehr leistungsbereit, zahlst dafür aber körperlich oder emotional einen Preis.

Wichtig für dich:
Stress nicht nur „aushalten", sondern den Alltag vereinfachen.
Reflexionsfragen
Welche drei Situationen lösen bei mir am stärksten Stress aus?
Ist die Gefahr real oder interpretiert mein Gehirn sie größer?
Was würde mein Nervensystem in diesen Situationen beruhigen?
Welche Aufgabe könnte ich kleiner machen?
Wo brauche ich klarere Grenzen?

Mini-Übung: Der Säbelzahntiger-Check

Wenn du Stress spürst, frage:
Ist das ein echter Säbelzahntiger – oder nur eine E-Mail im Tigerkostüm?
Dann ergänze:
Was ist wirklich passiert?
Was befürchte ich?
Was ist der nächste kleine sachliche Schritt?

Sofort-Schritt
Wähle eine Maßnahme für die nächsten 24 Stunden:
eine Benachrichtigung ausschalten
10 Minuten spazieren gehen
eine Aufgabe sichtbar aufschreiben
eine Grenze setzen
eine Sache delegieren
früher ins Bett gehen
eine Nachricht erst später beantworten

2. DER DIGITALE DORFPLATZ-TEST

Wie stark beeinflusst dich die digitale Gruppe?
Social Media, Messenger, E-Mails und Online-Plattformen wirken wie ein moderner Dorfplatz. Wir sehen, was andere tun. Wir vergleichen uns. Wir bekommen Zustimmung oder Schweigen. Wir beobachten Status, Zugehörigkeit und Ablehnung.

Das Problem: Unser Stammesgehirn kann digitale Signale oft nicht gut einordnen. Ein fehlendes Like, eine kurze Antwort oder ein kritischer Kommentar kann sich größer anfühlen, als es sachlich ist.

Anleitung
Bewerte jede Aussage mit 0 bis 4.
0 = trifft gar nicht zu
1 = trifft selten zu
2 = trifft manchmal zu
3 = trifft häufig zu
4 = trifft sehr stark zu

Aussagen
Ich greife automatisch zum Handy, ohne bewusst entschieden zu haben.
Ich schaue öfter nach Nachrichten, als eigentlich nötig wäre.
Ich vergleiche mein Leben mit dem, was andere online zeigen.
Ich fühle mich unruhig, wenn ich längere Zeit nicht erreichbar bin.
Ich interpretiere kurze Nachrichten schnell negativ.
Ich ärgere mich, wenn jemand nicht antwortet, obwohl die Person online war.
Ich verliere mich manchmal länger in Social Media als geplant.
Ich merke, dass mich schlechte Nachrichten oder Kommentare körperlich stressen.
Ich habe Angst, etwas zu verpassen.
Ich schaue auf Likes, Reaktionen oder Aufrufe.

Ich fühle mich schlechter, wenn andere erfolgreicher, schöner, glücklicher oder aktiver wirken.
Ich beantworte Nachrichten manchmal sofort, obwohl es gerade ungünstig ist.
Ich nutze das Handy zur Beruhigung, Ablenkung oder Belohnung.
Ich nehme mir digitale Pausen vor, halte sie aber schwer ein.
Ich fühle mich nach längerer Handynutzung oft nicht besser, sondern leerer oder gereizter.

Auswertung
0–20 Punkte: Guter Abstand zum digitalen Dorfplatz
Du nutzt digitale Medien wahrscheinlich relativ bewusst. Dein Nervensystem wird davon nicht stark gesteuert.

Achte trotzdem auf:
schleichende Gewöhnung.
21–40 Punkte: Der digitale Dorfplatz zieht dich regelmäßig hinein
Du bist nicht abhängig, aber dein Alltag wird spürbar durch digitale Reize beeinflusst.

Wichtig für dich:
klare digitale Grenzen.
41–60 Punkte: Dein Stammesgehirn ist stark online gebunden
Dein Gehirn behandelt digitale Signale wahrscheinlich wie soziale Überlebensinformationen. Das kann Stress, Vergleich und Unruhe verstärken.

Wichtig für dich:
digitale Hygiene als Nervensystemschutz.
Reflexionsfragen
Welche App zieht mich am stärksten?
Suche ich dort Information, Ablenkung, Anerkennung oder Beruhigung?
Welche digitale Situation stresst mich besonders?
Welche Nachricht interpretiere ich oft zu negativ?
Wann tut mir digitale Nutzung wirklich gut?

Wann schwächt sie mich?
Mini-Übung: Der digitale Zaun
Lege eine klare Grenze fest:
Mein Handy bleibt heute für 30 Minuten außerhalb meiner Reichweite.
Oder:
Ich lese Nachrichten erst nach dem Frühstück.
Oder:
Ich schalte eine App-Benachrichtigung aus.
Sofort-Schritt
Wähle eine digitale Schutzmaßnahme:
Handy nicht neben dem Bett
Push-Nachrichten ausschalten
Social Media nur zu festen Zeiten
E-Mails in Blöcken prüfen
keine Nachrichten während des Essens
eine App für 24 Stunden meiden
Bildschirmfreie Zeit vor dem Schlafen

Merksatz
Der digitale Dorfplatz ist immer geöffnet. Du musst nicht immer dort stehen.

3. DER STATUS-CHECK

Wo suchst du Anerkennung, Rang und Sichtbarkeit?
Status ist kein oberflächliches Thema. Für das alte Gehirn bedeutete Status Zugang zu Ressourcen, Schutz, Partnerwahl, Einfluss und Sicherheit.

Auch heute reagieren wir empfindlich auf Statussignale: Anerkennung, Titel, Gehalt, Aufmerksamkeit, Sitzplätze, Einladungen, Lob, Kritik, Followerzahlen, Autos, Kleidung, berufliche Rolle oder die Frage, ob unsere Meinung zählt. Dieser Check hilft dir zu erkennen, wie stark dein Statussystem im Alltag arbeitet.

Anleitung
Bewerte jede Aussage mit 0 bis 4.
0 = trifft gar nicht zu
1 = trifft selten zu
2 = trifft manchmal zu
3 = trifft häufig zu
4 = trifft sehr stark zu

Aussagen
Ich vergleiche mich oft mit anderen.
Es verletzt mich, wenn meine Leistung nicht gesehen wird.
Ich reagiere empfindlich, wenn jemand respektlos mit mir spricht.
Ich möchte nicht schwach oder unsicher wirken.
Ich fühle mich schnell übergangen.
Lob motiviert mich stark.
Kritik trifft mich mehr, als ich zeigen möchte.
Ich achte darauf, wie andere mich wahrnehmen.
Ich fühle mich unwohl, wenn andere erfolgreicher wirken.
Ich möchte in Gruppen ernst genommen werden.
Ich ärgere mich, wenn jemand meine Idee übernimmt und dafür Anerkennung bekommt.
Ich kaufe oder besitze manchmal Dinge, die auch zeigen sollen, wer ich bin.

Ich habe Angst, an Bedeutung zu verlieren.
Ich fühle mich besser, wenn ich gebraucht werde.
Ich schweige manchmal, weil ich Angst habe, dumm zu wirken.

Auswertung
0–20 Punkte: Status spielt eine geringe Rolle
Du scheinst dich weniger stark über äußere Anerkennung zu regulieren.

Achte trotzdem auf:
verdeckte Kränkungen, die du vielleicht überspielst.
21–40 Punkte: Normale Statussensibilität
Anerkennung, Respekt und Sichtbarkeit sind dir wichtig. Das ist menschlich.

Wichtig für dich:
Anerkennung bewusst suchen, aber nicht davon abhängig werden.
41–60 Punkte: Stark aktives Statussystem
Du reagierst wahrscheinlich stark auf Missachtung, Vergleich oder fehlende Anerkennung. Das kann antreiben, aber auch erschöpfen.

Wichtig für dich:
inneren Wert stabilisieren und Statussignale bewusster einordnen.
Reflexionsfragen
Wo fühle ich mich häufig nicht gesehen?
Welche Personen lösen Vergleich in mir aus?
Welche Art von Anerkennung brauche ich besonders?
Wo verwechsle ich Leistung mit Selbstwert?
Welche Statussymbole beeinflussen mich?
Wo möchte ich kompetent wirken, obwohl ich eigentlich lernen dürfte?
Übung: Statussignal oder echter Wert?
Nimm eine Situation, die dich gekränkt hat.
Schreibe auf:
Was ist passiert?
Was habe ich daraus über meinen Status geschlossen?
War diese Schlussfolgerung sicher?

Was wäre eine neutralere Erklärung?
Was brauche ich wirklich: Respekt, Klarheit, Anerkennung, Grenze oder Zugehörigkeit?
Sofort-Schritt
Wähle eine kleine Handlung:
eine eigene Leistung aufschreiben
jemanden um klares Feedback bitten
eine Grenze ruhig formulieren
eine fremde Leistung anerkennen, ohne dich kleiner zu fühlen
Social-Media-Vergleich reduzieren
eine Sache tun, die deinem Wert entspricht, auch wenn sie niemand sieht
Merksatz
Status zeigt, wo du in der Gruppe stehst. Selbstwert zeigt, ob du auch ohne Applaus stehen kannst.

4. DER MISMATCH-CHECK FÜR ALLTAG UND BERUF

Wo arbeitet dein modernes Leben gegen deine Biologie?
Mismatch bedeutet: Dein Körper und dein Gehirn treffen auf eine Umgebung, für die sie nicht optimal gebaut sind.

Dieser Check zeigt, wo dein Alltag besonders stark gegen deine biologische Grundausstattung arbeitet.

Anleitung
Bewerte jeden Bereich mit 0 bis 4.
0 = kein Problem
1 = kleines Problem
2 = mittleres Problem
3 = deutliches Problem
4 = starkes Problem
Bereich 1: Bewegung
Ich sitze viele Stunden am Tag.
Ich bewege mich im Alltag wenig.
Ich habe Verspannungen, Steifheit oder Rückenschmerzen.
Bewegung ist für mich eher Zusatzaufgabe als Alltag.
Nach langen Sitzphasen fühle ich mich müde oder schwer.

Zwischensumme Bewegung: _____
Bereich 2: Ernährung
Ich esse oft aus Stress, Langeweile oder Belohnungssuche.
Zucker, Fett oder salzige Snacks ziehen mich stark an.
Ich esse öfter, obwohl ich nicht wirklich Hunger habe.
Ich habe häufig Heißhunger oder Energietiefs.
Essen ist für mich manchmal Beruhigung.

Zwischensumme Ernährung: _____

Bereich 3: Schlaf und Licht

Ich gehe unregelmäßig schlafen.

Ich nutze abends lange Bildschirmgeräte.

Ich bekomme morgens wenig Tageslicht.

Ich fühle mich nach dem Schlaf nicht richtig erholt.

Mein Tag hat keinen klaren Rhythmus.

Zwischensumme Schlaf/Licht: _____

Bereich 4: Stress und Reize

Ich bin oft erreichbar.

Ich bekomme zu viele Informationen gleichzeitig.

Ich fühle mich von Nachrichten, E-Mails oder Aufgaben überflutet.

Ich habe zu wenig echte Pausen.

Ich komme innerlich schwer zur Ruhe.

Zwischensumme Stress/Reize: _____

Bereich 5: Soziale Sicherheit

Ich fühle mich manchmal allein mit meinen Themen.

Ich habe zu wenig echte Gespräche.

Ich fühle mich in Gruppen oder im Beruf nicht immer sicher.

Kritik oder Ablehnung beschäftigt mich stark.

Ich habe zu wenig Menschen, bei denen ich mich wirklich verstanden fühle.

Zwischensumme soziale Sicherheit: _____

Bereich 6: Arbeit und Revier

Mein Arbeitsplatz fühlt sich nicht wirklich gut oder sicher an.

Ich habe zu wenig Kontrolle über meine Arbeitsweise.

Meetings kosten mich viel Energie.

Ich fühle mich im Beruf manchmal übergangen oder beobachtet.

Mein Arbeitsumfeld passt nicht zu meiner Konzentration.

Zwischensumme Arbeit/Revier: _____

Gesamtauswertung

Addiere alle Zwischensummen.

0–30 Punkte: Geringer Mismatch

Dein Alltag passt in vielen Bereichen recht gut zu deinen biologischen Bedürfnissen.

Achte auf:

kleine Belastungen, bevor sie groß werden.

31–60 Punkte: Mittlerer Mismatch

Einige Bereiche deines Alltags arbeiten gegen dein Nervensystem oder deinen Körper.

Wichtig für dich:

Nicht alles gleichzeitig ändern. Wähle den stärksten Bereich.

61–100 Punkte: Hoher Mismatch

Dein Alltag verlangt deinem Körper und Gehirn viel Anpassung ab. Wahrscheinlich brauchst du nicht mehr Disziplin, sondern eine bessere Umgebung.

Wichtig für dich:

Beginne mit dem Bereich, der am stärksten belastet und am leichtesten veränderbar ist.

101–120 Punkte: Sehr hoher Mismatch

Dein System steht vermutlich oft unter Druck. Hier können kleine, konsequente Veränderungen sehr wichtig sein.

Wichtig für dich:

Nicht radikal umbauen. Stabilisieren, vereinfachen, entlasten.

Reflexionsfragen

Welcher Bereich hat die höchste Punktzahl?

Welcher Bereich wäre am leichtesten zu verbessern?

Welche kleine Änderung hätte sofort Wirkung?

Wo verlange ich von mir Disziplin, obwohl meine Umgebung gegen mich arbeitet?
Was müsste einfacher werden?

Übung: Eine Stellschraube wählen

Fülle aus:
Mein stärkster Mismatch-Bereich ist:

____

Mein kleinster nächster Schritt ist:

____

Ich mache ihn an diesem Tag:

____

Ich erkenne Erfolg daran:

____

Merksatz
Nicht jeder Alltag ist menschengerecht. Aber fast jeder Alltag lässt sich ein Stück biologiefreundlicher gestalten.

5. DIE 7-TAGE-STEINZEIT-CHALLENGE

Sieben kleine Experimente für dein modernes Leben
Diese Challenge bedeutet nicht, dass du wie in der Steinzeit leben sollst. Niemand muss im Wald schlafen, Beeren sammeln oder sein Handy mit einem Speer jagen.

Es geht darum, sieben Tage lang kleine biologische Grundbedürfnisse bewusster zu berücksichtigen:

Licht
Bewegung
echte Nahrung
soziale Verbindung
Ruhe
weniger digitale Reize
kleine Gewohnheiten
Jeder Tag hat eine Aufgabe. Sie soll einfach genug sein, damit dein Gehirn keinen Widerstand aufbaut.

Tag 1: Tageslicht vor Bildschirmlicht
Aufgabe
Gehe morgens innerhalb der ersten Stunde nach dem Aufstehen für 5 bis 10 Minuten ans Tageslicht.
Auch bewölktes Licht zählt.
Warum?
Dein Körper nutzt Licht als Taktgeber. Tageslicht hilft der inneren Uhr, den Tag-Nacht-Rhythmus zu stabilisieren.
Reflexion
Wie habe ich mich danach gefühlt?
War es schwer umzusetzen?
Was hat geholfen?

Tag 2: Bewegung ohne Sportprogramm
Aufgabe
Baue drei kurze Bewegungseinheiten in den Tag ein.
Beispiele:
5 Minuten gehen
Treppe statt Aufzug
kurze Dehnung
einmal um den Block
10 Kniebeugen
Gartenarbeit
bewusstes Aufstehen nach Sitzphasen
Warum?
Der Körper braucht nicht nur Sport. Er braucht regelmäßige Nutzung.
Reflexion
Welche Bewegung war am leichtesten?
Welche Ausrede kam zuerst?
Wie fühlte sich mein Körper an?

Tag 3: Eine echte Mahlzeit
Aufgabe
Iss heute eine Mahlzeit möglichst ohne Ablenkung und mit echten, einfachen Lebensmitteln.
Beispiele:
Eiweißquelle
Gemüse oder Salat
sättigende Beilage
gutes Fett
Wasser oder ungesüßtes Getränk
Keine Perfektion. Nur bewusst essen.
Warum?

Das alte Gehirn reagiert stark auf schnelle Kalorien. Bewusstes Essen hilft, wieder zwischen Hunger, Stress und Belohnung zu unterscheiden.
Reflexion
Hatte ich Hunger oder Appetit?
Wie schnell habe ich gegessen?
Was hat mich gesättigt?

Tag 4: Digitaler Rückzug
Aufgabe
Lege eine handyfreie Zeit von mindestens 30 Minuten fest.
In dieser Zeit liegt das Handy außer Sichtweite.
Warum?
Das Belohnungssystem reagiert auf jede mögliche Nachricht. Abstand reduziert den digitalen Zug.
Reflexion
Wie oft wollte ich zum Handy greifen?
Was habe ich stattdessen gemacht?
War ich ruhiger oder unruhiger?

Tag 5: Echtes Stammes-Signal
Aufgabe
Nimm bewusst Kontakt zu einem Menschen auf, der dir guttut.
Beispiele:
anrufen
Sprachnachricht schicken
ehrlich fragen, wie es geht
gemeinsam essen
spazieren gehen
jemandem danken
Warum?
Menschen brauchen echte Verbindung. Likes ersetzen keine verlässliche Nähe.

Reflexion
Mit wem hatte ich Kontakt?
Wie fühlte ich mich danach?
War es echte Verbindung oder nur Austausch?

Tag 6: Reizärmerer Abend
Aufgabe
Reduziere eine Stunde vor dem Schlafen starke Reize.
Beispiele:
kein Nachrichtenkonsum
Handy weglegen
Licht dimmen
ruhige Musik
lesen
duschen
kurze Ordnung schaffen
Tagebuchsatz schreiben
Warum?
Das Nervensystem braucht ein Signal: Die Gefahr ist vorbei. Der Tag darf enden.
Reflexion
Was hat mich beruhigt?
Was wollte mich wieder aktivieren?
Wie war mein Schlaf?

Tag 7: Der kleine Kaizen-Schritt
Aufgabe
Wähle eine kleine Verbesserung, die du nach der Challenge behalten möchtest.

Sie muss so klein sein, dass sie fast lächerlich leicht wirkt.
Beispiele:

- morgens 5 Minuten Licht
- jeden Tag 5 Minuten gehen
- Handy nicht am Bett
- eine Mahlzeit bewusst essen
- abends eine Nachricht weniger
- Rechnungen an einen festen Platz legen
- jeden Sonntag 10 Minuten Wochenplanung
- Warum?
- Das Gehirn mag keine radikalen Programme. Es mag sichere Wiederholung.
- Reflexion
- Was war der wichtigste Effekt der Woche?
- Welche Aufgabe war am leichtesten?
- Welche war am schwersten?
- Welche Mini-Gewohnheit bleibt?

Abschluss der Challenge

Fülle aus:
Ich habe gemerkt, dass:

____

Mein Körper braucht mehr:

____

Mein Gehirn braucht weniger:

____

Meine eine Mini-Gewohnheit ist:

Merksatz
Du musst nicht zurück in die Steinzeit. Aber dein Alltag darf wieder etwas menschlicher werden.

6. DIE PERSÖNLICHE KAIZEN-LISTE

Kleine Schritte statt großer Selbstoptimierung
Viele Veränderungspläne scheitern, weil sie zu groß beginnen.
Das Gehirn hört:
Ab morgen ändere ich alles.
Und antwortet:
Gefahr. Zu viel. Lieber beim Alten bleiben.
Kaizen funktioniert anders. Es setzt auf kleine, wiederholbare Verbesserungen. So klein, dass das Alarmsystem nicht anspringt.
Nicht der große Durchbruch ist entscheidend, sondern der nächste machbare Schritt.

Die Grundregel
Eine gute Kaizen-Maßnahme ist:
klein
konkret
sichtbar
leicht wiederholbar
ohne große Vorbereitung möglich
nicht abhängig von perfekter Motivation

Schritt 1: Wähle deinen Bereich
Kreuze einen Bereich an:
[ ] Stress reduzieren
[ ] Bewegung erhöhen
[ ] Schlaf verbessern
[ ] Ernährung stabilisieren
[ ] digitale Reize reduzieren
[ ] Ordnung schaffen
[ ] Geld beruhigen
[ ] Beziehung stärken
[ ] Arbeit besser strukturieren
[ ] Selbstwert stärken

Schritt 2: Formuliere das Problem kleiner
Nicht:
Ich bin komplett überfordert.
Sondern:
Meine Aufgaben sind nicht sichtbar sortiert.
Nicht:
Ich bewege mich zu wenig.
Sondern:
Ich sitze nach dem Frühstück direkt wieder.
Nicht:
Ich esse falsch.
Sondern:
Ich greife abends automatisch zu Süßem.

Schritt 3: Finde den kleinsten Schritt
Nutze diese Vorlage:
Ich werde nicht mein ganzes Leben ändern.
Ich werde nur:

____

Beispiele:
nach dem Frühstück 5 Minuten gehen
abends das Handy aus dem Schlafzimmer legen
eine Flasche Wasser sichtbar hinstellen
eine Rechnung öffnen
eine Schublade sortieren
eine Aufgabe auf einen Zettel schreiben
einen Snack außer Sichtweite legen
vor einer Antwort dreimal atmen

Schritt 4: Verbinde den Schritt mit einer vorhandenen Routine
Das nennt man Habit Stacking.
Formel:
Nach [bestehende Gewohnheit] mache ich [neue Mini-Gewohnheit].
Beispiele:
Nach dem Zähneputzen trinke ich ein Glas Wasser.
Nach dem Frühstück gehe ich 5 Minuten raus.
Nach dem Mittagessen gehe ich einmal um den Block.
Nach dem Einschalten des Computers schreibe ich die wichtigste Aufgabe auf.
Nach dem Abendessen lege ich das Handy an die Ladestation außerhalb des Schlafzimmers.

Schritt 5: Mache Erfolg sichtbar
Das Gehirn liebt sichtbaren Fortschritt.
Nutze eine einfache Liste:
Meine Mini-Gewohnheit:

____

Montag: [ ]
Dienstag: [ ]
Mittwoch: [ ]
Donnerstag:[ ]
Freitag: [ ]
Samstag: [ ]
Sonntag: [ ]
Wichtig: Es geht nicht um Perfektion. Es geht um Rückkehr.
Wenn du einen Tag auslässt, ist das kein Scheitern. Es ist nur ein ausgelassener Tag.

Schritt 6: Belohne sofort
Das alte Gehirn lernt besser, wenn eine Belohnung zeitnah spürbar ist.
Belohnung muss nicht groß sein.
Beispiele:
bewusst sagen: „Erledigt."
Haken setzen
Tee trinken
kurz Musik hören
kleine Pause
Fortschritt sichtbar machen
sich selbst anerkennen

Schritt 7: Nach sieben Tagen auswerten
Beantworte:
War der Schritt klein genug?
Was hat funktioniert?
Was war hinderlich?
Muss ich den Schritt noch kleiner machen?
Was ist der nächste Mini-Schritt?
Die persönliche Kaizen-Liste
Trage hier deine ersten 10 Mini-Schritte ein.

1. ______________________________
2. ______________________________
3. ______________________________
4. ______________________________
5. ______________________________
6. ______________________________
7. ______________________________
8. ______________________________
9. ______________________________
10. ______________________________

Beispiele für gute Kaizen-Schritte

Für Stress

eine Aufgabe aufschreiben
3 Atemzüge vor einer Antwort
E-Mails nur zu festen Zeiten prüfen
eine Sache absagen
10 Minuten Puffer einplanen

Für Bewegung
5 Minuten gehen
beim Telefonieren stehen
Treppe nehmen
nach jeder Stunde einmal aufstehen
Auto etwas weiter weg parken

Für Schlaf
Handy nicht ans Bett
15 Minuten früher Licht dimmen
feste Schlafenszeit testen
abends keine Nachrichten mehr
Schlafzimmer etwas kühler halten

Für Ernährung
Wasser sichtbar hinstellen
Snack außer Sichtweite
eine Mahlzeit ohne Handy
Eiweiß zum Frühstück
Gemüse zuerst essen

Für digitale Ruhe
eine Benachrichtigung ausschalten
Social Media erst nach dem Frühstück
Handy beim Essen weglegen
30 Minuten Flugmodus
App vom Startbildschirm entfernen

Für Arbeit
wichtigste Aufgabe zuerst notieren
Meetingziel vorher klären
nach jedem Meeting eine Entscheidung festhalten
25 Minuten Fokuszeit
Schreibtisch am Abend freiräumen

Merksatz
Große Veränderung beginnt oft so klein, dass dein Angstsystem sie nicht ernst nimmt.

ABSCHLUSSÜBUNG: MEIN EVOLUTIONÄRER ALLTAGSPLAN

Fülle zum Abschluss aus:
Mein stärkster Trigger ist:

____

Mein größter Mismatch liegt bei:

____

Meine wichtigste digitale Grenze ist:

____

Mein Körper braucht mehr:

____

Mein Gehirn braucht weniger:

____

Mein erster Kaizen-Schritt ist:

____

Ich beginne am:

____

Letzter Merksatz
Du musst dich nicht besiegen. Du musst dich besser führen.

Anhang 4: Wissenschaftliche neueste hochaktuelle Veröffentlichungen aus den Jahren 2025 und 2026 stützen.

Die Evolutionsbiologie und die Organisationspsychologie untersuchen derzeit verstärkt die digitale Arbeitswelt unter dem Aspekt des Evolutionary Mismatch.
Hier sind drei brandaktuelle Forschungsrichtungen und Studien-Ergebnisse:

4.1. „Digitally Connected, Evolutionarily Wired" (2025/2026)

Eine wegweisende Forschungsarbeit mit dem Titel „Digitally Connected, Evolutionarily Wired: An Evolutionary Mismatch Perspective on Digital Work" befasst sich exakt mit dem modernen Phänomen des Doomscrollings und der digitalen Reizflut im Job.

Das Ergebnis: Die Studie zeigt empirisch, dass das permanente Verarbeiten von digitalen Kurz-Informationen (Slack-Nachrichten, E-Mails, News-Feeds) im Gehirn zu chronischer Rumination (Gedankenschleifen) und existentieller Angst führt.

Nutzen für dein Buch: Du kannst hier schwarz auf weiß belegen, dass digitale Arbeit unsere evolutionäre Psychologie überfordert, weil sie im krassen Gegensatz zu den analogen, linearen Routinen unserer Vorfahren steht.

4.2. Die „Polycrisis und Competitive Stress"-Hypothese (2026)

Im Frühjahr 2026 wurde eine umfassende Studie im Fachjournal MDPI veröffentlicht („Evolutionary Mismatch, Stress, and Competition: Making Sense of Psychosocial Problems in the Polycrisis Era").

Das Ergebnis: Die Forscher weisen nach, dass die heutige Verknüpfung von globalen Krisen (Polykrise) und der permanenten Sichtbarkeit von hohem sozialen Status (durch Social Media und LinkedIn) zu einer unnatürlichen

Steigerung des kompetitiven Stresses führt. Weil wir ständig unbewusste Statussignale empfangen, schüttet der Körper dauerhaft Cortisol aus, was zu einer chronischen Entzündungsauslösung (Inflammation) führt.
Nutzen für dein Buch: Ein genialer Beleg dafür, warum moderner Leistungsdruck im Büro uns biologisch krank macht. Unser Körper reagiert auf den „Dauerkampf um Status“ mit physischen Entzündungssymptomen.

4.3. Meta-Analysen zum globalen Burnout (2025/2026)

Eine große, im Fachmagazin Frontiers in Organizational Psychology veröffentlichte Untersuchung analysierte das Phänomen Burnout aus interdisziplinärer Sicht unter Einbezug der evolutionären Stammes-Strukturen.

- Das Ergebnis: Burnout wird hier explizit nicht als das Versagen des Individuums definiert, sondern als Folge struktureller Mängel, die das Gefühl, im Team „wertvoll und sicher zu sein“, erodieren lassen. Sobald das Vertrauen in die Gruppe (den Stamm) sinkt und die Arbeitsbelastung steigt, steigt die emotionale Erschöpfungsrate weltweit auf über 40 %.
- Nutzen für dein Buch: Das ist das perfekte Argument für deine Kapitel über Teamarbeit und Führung. Die moderne Wissenschaft bestätigt: Fehlt die psychologische Sicherheit im „Stamm“, kollabiert das System – egal wie resilient der einzelne Mitarbeiter ist.

- Warum wir nicht gegen unsere Natur leben sollten
- Was moderne Gesellschaften vom Steinzeitgehirn lernen können
- Warum Selbstverständnis wichtiger ist als Selbstoptimierung
- Der Mensch von morgen: biologisch alt, kulturell lernfähig

Wir haben eine faszinierende Reise hinter uns. Von den staubigen Weiten der afrikanischen Savanne bis in die klimatisierten Büros und digitalen Netzwerke der Gegenwart. Wir haben gesehen, dass wir keine fehlerhaften, willensschwachen oder unfähigen Wesen sind – wir sind lediglich biologische Meisterwerke, die in der falschen Umgebung operieren.

Haben wir die Evolution gestoppt? Nein. Aber unsere technologische und kulturelle Entwicklung ist der biologischen Evolution uneinholbar davongelaufen. Wir können darauf warten, dass sich unsere Gene in den nächsten 50.000 Jahren an das Smartphone und den Acht-Stunden-Sitzmarathon anpassen – oder wir nehmen das Heft selbst in die Hand.

Das Wissen über deinen inneren Steinzeitmenschen ist kein Freifahrtschein für schlechtes Verhalten („Ich bin halt evolutionär so programmiert"). Es ist die ultimative Bedienungsanleitung für dich selbst. Wenn du verstehst, wie deine Software tickt, musst du dich nicht mehr blind von deinen Ur-Instinkten steuern lassen. Du kannst deine Ernährung, deinen Schlaf, deine Teamarbeit und dein Stressmanagement so gestalten, dass sie zu deiner Natur passen.

Nutze dieses Wissen. Geh pfleglich mit deinem inneren Jäger und Sammler um. Und vor allem: Sei nicht zu streng mit ihm, wenn er mal wieder lieber auf der Couch sitzen und Chips essen will – er versucht im Grunde seines Herzens nur, dein Überleben zu sichern